Inhaltsverzeichnis

Vorwort

Wer liebt in unserer Zeit der Hektik, des Lärms und der Unruhe die Stille nicht! Sie ist wohltuend wie Balsam, und in allen meinen Workshops und Seminaren zu diesem Thema höre ich treffende Sätze wie „ ... endlich ganz bewusst Stille erleben – das tut gut!“ Und da zu meinen Teilnehmern zumeist Erzieher und Pädagogen gehören, ist unsere Sitzung zugleich eine Erholung von den Strapazen des normalen Schulalltags.

Ich bin der Ansicht, dass gerade heute die Erfahrung der Ruhe und Stille in besonderem Maße wichtig ist. Überall werden wir nahezu überfallartig zum Mithören von Geräuschen, Lärm und Musik gezwungen – oftmals für unsere hoffentlich noch empfindlichen Ohren ein Gräuel.

Häufig wird über unsere Schüler und Kinder geklagt, dass ihr Zuhören-Können abgenommen habe. Mir scheint dies jedoch ein Problem unserer Gesellschaft zu sein und gilt nicht nur spezifisch für Kinder und Jugendliche. Zu groß ist die Reizüberflutung durch die Medien, die sowohl Produkte als auch Weltanschauungen lärmend und marktschreierisch anbieten und verkaufen. Welche weiteren Auswirkungen dieses Phänomen haben wird, können wir heute noch gar nicht absehen.

Sicher sind die hier angebotenen Übungen zur Stille kein Wundermittel, aber sie stellen eine brauchbare Alternative dar zu helfen, besser miteinander zu kommunizieren bzw. zusammenzuleben.

Unser Leben gewinnt an Lebensfreude und Qualität, wenn wir anfangen, Phasen der Entspannung und Stille als natürlichen, regelmäßigen Bestandteil desselben zu betrachten.

Kurze Zeitabschnitte der Ruhe und Entspannung stärken unsere geistige/körperliche Verfassung – wir lernen im entspannten Zustand sehr viel leichter und auch besser.

Dieses Buch soll als Hilfe dienen, Stilleübungen in der Schulklasse, daheim oder auch im Rahmen eines Workshops durchzuführen. Es ist gedacht für Lehrer, Eltern und Erzieher und handelt davon, dass es möglich ist, Stille auf spielerische und fröhliche Art zu lernen – ohne Stress, in ruhiger und entspannter Atmosphäre.

Rüdiger Kohl

Wenn wir die Stille wollen, müssen wir sie lehren.

Maria Montessori

Über die Stille

Stille macht stark – Stille ist schön. So habe ich es in einem Schüler-Aufsatz von 1928 gelesen. Überall auf der Welt liebt man die Stille, aber es wird immer schwerer, sie zu finden. Wir leben halt in einer extrem unruhigen Zeit.

Oft erscheint die Stille unter dem Mantel des negativen Wertes: „Seid doch mal still!" Dass die Stille sehr positiv erlebt wird, auch von Kindern, wird allzu häufig vergessen: Eigentlich lieben Kinder die Stille! Sie ist ein positiver Erlebniswert. Stille hat Qualität – man kann sagen, Kinder und Jugendliche erleben die Stille regelrecht. Und besonders „auffällige" Kinder sind oft geradezu versessen darauf, Stilleübungen zu „überstehen".

Stille ist eine Voraussetzung, um besser hören, besser fühlen und besser empfinden zu können. Wir werden still, wir horchen in uns hinein, wir erleben uns. Stille ist also positiv zu begreifen. Wir öffnen uns und erleben die leisen Dinge um uns. Dazu müssen wir uns konzentrieren. Stille bedeutet auch Entdecken, die kleinen Begebenheiten um uns herum bekommen plötzlich Bedeutung – auch unsere Schüler und Schülerinnen betrachten wir sehr schnell in einem anderen Lichte – wir erfassen, dass sie ihre Klassenkameraden in einem anderen Kontext sehen – sie gehen eher auf ihre Nächsten ein.

Die Erfahrung der Stille ist letztlich auch eine Schulung unserer Sinne!

Wir empfangen Lebensfreude und Lebensqualität, wenn wir Abschnitte der Ruhe und Entspannung in unseren täglichen Arbeitsablauf/Schultag einplanen.

Überraschend ist auch, dass Kinder und Jugendliche sich leichter und besser entspannen können als wir Erwachsenen; und dies bedeutet eine große Chance für uns Erzieher.

Der Autor hat zusammen mit Lehrern und Schülern viele Workshops durchgeführt und immer wieder die Erfahrung gemacht, dass Stilleübungen für alle Gruppen hervorragend geeignet sind – sowohl für Kinder im Kindergarten, für Schüler in der Grundschule als auch für Jugendliche jeden Alters – ja sehr gut geeignet auch für Erwachsene. Der Vorteil der Stilleübung ist, dass Gruppen an ihr teilnehmen können – alle Teilnehmer können gleichzeitig einbezogen werden. Stilleübungen zwischendurch oder als Ritual zu einem ganz bestimmten Zeitabschnitt oder einer bestimmten Gelegenheit sind immer empfehlenswert, wenn die Gruppe oder Klasse unruhig oder zu ausgelassen wird. Dennoch sei dies vorab vermerkt: Ein Allheilmittel ist die Stilleübung nicht.

Einige praktische Anmerkungen

Für die Stille-Übungen eignet sich am besten ein möglichst einfach gehaltener Raum, der auch von der Lage her für die Stille-Übungen tauglich ist – möglichst fernab vom Straßenlärm, damit man sich auch ausruhen und konzentrieren kann. Platz genug für die Gruppe sollte auch vorhanden sein.

Vor Beginn der Übungen stellen wir uns einzeln vor, nennen Namen und Aktivitäten. Bei Kindergruppen sollte vielleicht neben dem Namen das Hobby erfragt werden.

Vorab darf gesagt werden, dass Signale für die Stilleübungen wichtig sind. Das kann das Geräusch des Regenstabes sein, oder der E-Ton des Energy-Chimes (Klangstab); das Aufstellen der Sanduhr signalisiert, dass Stilleübungen angesagt sind. Mit den Sanduhren lassen sich sehr effektive Stille-Übungen durchführen. Stellen Sie die Sanduhr auf den Tisch. Lassen Sie den Sand rieseln, und die Kinder/Schüler werden dieses Rieseln erkennen und mitspielen – still werden.

Die beste Sitzordnung für Entspannungsübungen ist der Sitz- oder Stuhlkreis. Auch auf dem Fußboden, auf Luftmatratzen,

Kissen oder Teppichen lässt sich der Sitzkreis bilden. Wichtig ist immer die Entspannungshaltung.

Sitzen die Teilnehmer auf dem Stuhl, ist der Rücken angelehnt, die Füße stehen etwas auseinander fest auf dem Boden. Wichtig ist, dass Entspannung und Stille erreicht werden.

Dieses Büchlein stellt eine kleine Sammlung von Stilleübungen vor. Es empfiehlt sich, zu Beginn der Sitzung ganz einfache Übungen auszuwählen, um später mit komplexen Übungen fortzufahren. Erfahrungsgemäß fällt den neuen Teilnehmern eines Workshops das Stillhalten am Anfang schwer. Deshalb sollten die Stillezeiten kurz gehalten werden. Erst später lassen sich die Übungen ausdehnen.

Achten Sie auf Abwechslung! Bleiben Sie nicht zu lange bei einer Stilleübung „hängen" – hetzen Sie aber auch nicht von einer Übung zur anderen! Planen Sie Diskussionen und Aussprachen mit ein! Auch Bewegungsspiele können zur Abwechslung eingebaut werden.

Gedankenbonbon: Eine Lehrerin erzählt

Eine Lehrerin hatte jahrelang im Norden Kanadas gelebt und dort Inuit-Eskimos unterrichtet. Sie erzählt:

„Die Kinder können noch zuhören. Sie haben kein Fernsehen zu Hause. Ich konnte sofort den Unterschied merken, wenn ihre Eltern sich einen Fernsehapparat angeschafft hatten. Mit einem Mal verhielten sich die Kinder so ähnlich wie weiße Kinder; nervöser, unruhiger, aggressiver, unkonzentrierter.
Dort oben im Norden lernst du hören. Es ist so stille, dass du unbedingt etwas Hörbares entdecken willst. Dadurch hörst du immer tiefer in die Stille hinein. Alle machen das, die da oben leben. Deshalb sind sie so anders. Die Kinder lernen doppelt

so schnell wie Stadtkinder. Sie hören einfach zu. Sie machen das, als ob sie spielen. Ich glaube, es hängt auch mit dem Zuhören-Können zusammen, dass die Menschen dort oben ein so gutes Gedächtnis haben. Sie speichern nicht bloß, was sie hören. Das Gehörte lebt in ihnen. Es lebt immer weiter."

Kurze Gedanken zur Pädagogik der Stille

Stille lässt sich nicht befehlen: Seid bitte einmal still! Das nützt herzlich wenig. Auch Strafe bzw. Strafandrohungen bewirken zumeist gar nichts. Vielmehr muss die innere Bereitschaft vorhanden sein.

Eine Hilfe ist jedoch, dass Kinder von Natur aus die Stille lieben. Lehrer und Erzieher, die Stilleübungen in ihrer Klasse/ Gruppe durchführen, berichten immer wieder – auch in meinen Workshops –, dass Problemkinder ganz besonders auf die Stilleübungen ansprechen: „Wann machen wir wieder Stille?“, fragt der Grundschüler Pedro.

Kinder freuen sich über die Stilleübungen. Eine wichtige Vorbedingung muss allerdings gegeben sein: Die Lehrerin oder der Lehrer, die Erzieherin oder der Erzieher müssen selbst ruhig und ausgeglichen sein, damit die Stilleübung gelingen kann.

Bei dem Erfahrungsaustausch mit den Gruppen, mit den Teilnehmern meines Workshops, kam immer wieder zum Ausdruck, dass Kinder leichter zur Stille finden, nachdem die motorischen und gefühlsbetonten Bedürfnisse durch besagte Stilleübungen befriedigt wurden.

Wenn Du mit anderen ein Schiff bauen willst, so beginne nicht, mit ihnen Holz zu sammeln, sondern wecke in ihnen die Sehnsucht nach dem großen, weiten Meer.

Antoine de Saint-Exupéry

Der Regenstab: ein Wunder aus Chile

In diesem Kapitel stelle ich vorab eine Reihe von praktischen Beispielen vor, die gleichzeitig die häufig gestellte Frage beantworten: Was kann ich denn alles mit diesem Regenstab anfangen?

Der Regenstab hilft uns bei Stille- und Konzentrationsübungen, er ist sehr variabel einsetzbar. Er eignet sich als „Meditationsgerät“ für große und für kleine Leute.

Lassen Sie die Kinder und Erwachsenen erst staunen, lauschen und sich wundern. Erklären Sie bitte das Phänomen nicht vorschnell – lassen Sie die Teilnehmer raten.

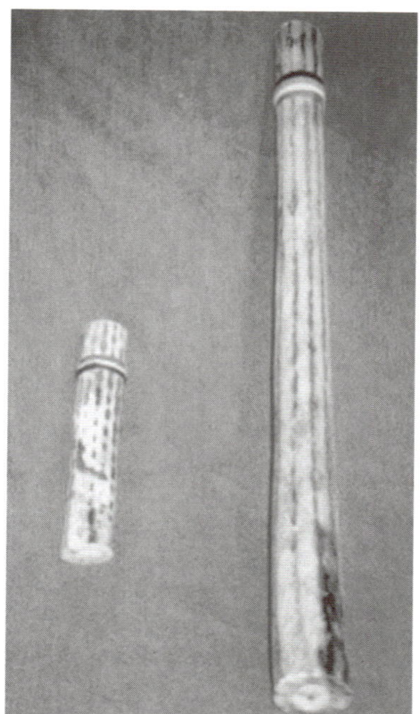

Info

Unser Regenstab stammt aus Chile. Abgestorbene Kakteenstämme sind der „Stoff“ für unsere Stäbe. Die verholzten Stämme werden gesammelt, und die langen Stacheln entfernt und vorerst zur Seite gelegt.

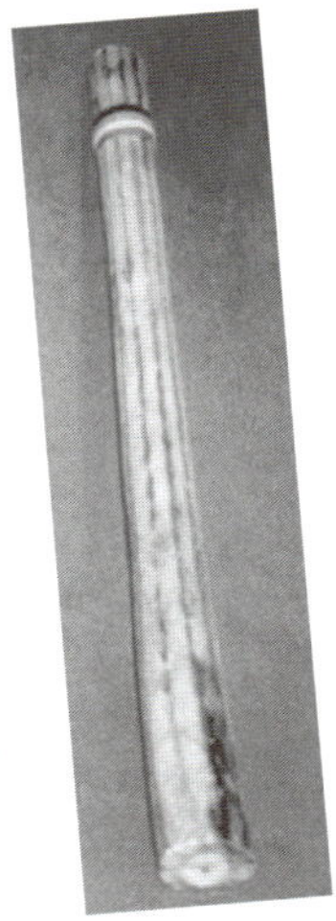

Anschließend schmirgelt der Handwerker die raue Oberfläche des Regenstabes glatt. In einem weiteren Arbeitsschritt werden die langen Stacheln in das Innere der Stäbe getrieben und eine Seite verschlossen. Im Inneren des Stabes haben die Stacheln eine Art „Gitter“ gebildet. Kleine Kieselsteine, Kakteenkerne und Sand füllen den Stab, bevor das andere Ende verschlossen wird. Der Klang der durch das „Gitter“ rieselnden Kerne und Steine wird als überaus wohltuend empfunden. Lehrer und Psychologen sowie Therapeuten nutzen dieses Phänomen für ihre Arbeit mit Menschen.

Anwendung

Ehe Sie nun den Stab benutzen, halten Sie ihn senkrecht und schütteln ihn. Der Inhalt des Regenstabes fällt nach unten. Nun kippen Sie den Stab langsam. Der Inhalt rieselt durch die labyrinthartigen Gänge im Stab und erzeugt so diesen geheimnisvollen, gleichmäßigen „Regenton“.

Übungen mit dem Regenstab

Tipp:
Wir haben schon von den Stille-Ritualen gesprochen. Verwenden Sie Ihren Regenstab als Zeichen für Hilfe und Konzentration. Sobald es ‘regnet’, sollte Ihre Gruppe zur Ruhe kommen.

Übung 1 Oh – wo regnet es denn?

Zeit: ca. 10 Minuten für diese Übung

Durchführung:
Vier Ihrer Teilnehmer stellen sich in die vier Ecken des Raumes – die restlichen Mitspieler schließen ihre Augen. Einer der vier ausgewählten Teilnehmer erhält nun den Regenstab und lässt es regnen. Aus welcher Richtung zieht der Regenschauer heran? Um die Übung nicht zu leicht ausfallen zu lassen, lässt der Workshop-Leiter die Teilnehmer sich mehrere Male um die eigene Achse drehen. Nun wird es schwieriger, die „Regenrichtung“ zu bestimmen.

Auswertung:
- Wie habe ich mich bei der Übung gefühlt?
- Warum ist es (nicht) schwer, sich zu orientieren?
- Ist eine Orientierung ohne Stille möglich?

Übung 2 Schutz vor Regen

Zeit: ca. 10 Minuten für diese Übung

Durchführung:
Der Kursleiter spricht den Vers:

DIE-SON-NE-SCHEINT-IM-HEL-LEN-LICHT.
HUR-RA-HUR-RA-ES-REG-NET-NICHT.
WENN-ES-REG-NET-BLEIB'-ICH-STEH'N
UND-WERD'-IN-DIE-HO-CKE-GEHN.

Die Teilnehmer gehen ganz leise im Kreis und im Takt. Der Leiter spricht den Vers mehrmals hintereinander. Nach einer Weile können alle den Vers leise mitsprechen. Die Mitspieler sollen genau zuhören und darauf achten, ob es gleich anfängt zu regnen. Wenn es regnet (bei Einsatz des Regenstabes), bleiben sie stehen, gehen in die Hocke und schützen sich vor dem

Regen. Wenn er aufgehört hat, gehen sie wieder im Kreis, bis es erneut anfängt zu regnen.

Auswertung:

- Wie habe ich mich bei der Übung gefühlt?
- Konnte ich trotz des Mitsprechens den Regenstab gut hören?
- Hat mich die Übung körperlich aufgelockert?
- Wie hat mir die Übung zugesagt?

Übung 3 Wie regnet es?

Zeit: ca. 10 Minuten für diese Übung

Durchführung:
Die Teilnehmer stehen oder sitzen im Kreis. Ein langer Regenstab wird herumgereicht. Dabei darf kein „Tropfen fallen". Der Leiter liest eine Geschichte vor, in der verschiedene Arten von Regen vorkommen. Derjenige, der den Regenstab gerade hält, soll versuchen, den beschriebenen Regen nachzumachen.

Auswertung:

- Ist es schwer, den Regenstab geräuschlos zu halten?
- Habe ich vorher gewusst, wie viele Regenarten es gibt?
- Wie hat mir die Übung gefallen?
- Wie habe ich mich gefühlt?

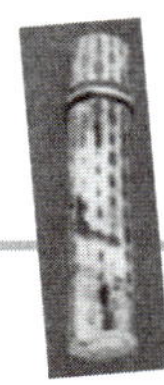

Übung 4 Wann wird's mal wieder richtig regnen?

Zeit: ca. 10 Minuten für diese Übung

Durchführung:
Diese Übung gleicht zwar sehr der vorherigen, dennoch gibt es feine Unterschiede:

Die Mitspieler/innen stehen oder sitzen im Kreis. Ein langer Regenstab wird herumgereicht. Dabei darf kein „Tropfen fallen“. Der Leiter liest eine Geschichte vor. Wenn die Wörter „Regen“ oder „regnen“ vorkommen, muss derjenige, der den Stab gerade hält, es regnen lassen. Danach wird der Stab wieder geräuschlos weitergereicht, bis zum nächsten Schauer.

(Lesen Sie die Geschichte ganz langsam vor. Um die Spannung und Konzentration zu erhöhen, machen Sie vor den Stellen, an denen die Wörter „Regen“ oder „regnen“ vorkommen, eine Pause.)

Auswertung:
- Fällt es schwer, sich auf die entscheidenden Begriffe zu konzentrieren?
- Möchte ich lieber die Geschichte in Ruhe hören, ohne Regenstab?
- Welchen Sinn können die Übungen wohl haben?

Übung 5 Dürre

Zeit: keine Vorgabe

Durchführung:
Die Gruppe sitzt im Kreis. Ein langer Regenstab wird herumgereicht und von jedem ein wenig geneigt, so dass es ständig „tröpfelt“.
Zählen Sie, wie viele Runden der Dauerregen anhalten wird.

Auswertung:
- Wie habe ich mich bei der Übung gefühlt?
- Hatte ich Angst, den entscheidenden Fehler zu begehen?
- War ich neugierig auf die „Rundenzahl“?
- Hat es Spaß gemacht?

Übung 6 Mairegen

Zeit: keine Vorgabe

Durchführung:
Konzentration und Fantasie in einer kleinen Gruppe: Man setzt sich in Kreisform zusammen und lauscht mit geschlossenen Augen dem Vortragenden, der nachfolgenden Text mit ruhiger, sanfter Stimme vorliest. Er lässt die einzelnen Satzteile wirken, indem er zwischen ihnen Pausen einlegt.

Es ist nichts dagegen einzuwenden, wenn Teilnehmer mit den Händen ihr Gesicht verdecken wollen, wenn es die Konzentrationsfähigkeit erhöht.

Die Sonne, wiedergeboren im Mai – fühle ihre Wärme, ihre Kraft! Wandere durch die erblühte Natur, schaue dich um! Kannst du das Grün des Rasens riechen, den Duft der unzähligen, bunten Blumen? Kannst du das Blau des Himmels sehen – und auch die ersten dunklen Wolken, die in der Ferne am Horizont auftauchen?

Du wanderst ihnen entgegen, und sie treiben auf dich zu. Bald schon versteckt sich die Sonne hinter ihnen, und es dauert nicht lange, und du spürst die ersten Regentropfen auf deiner Haut. Es werden immer mehr; ein warmer Regen geht nieder, wandert auf deinem Körper; du hörst, wie die Tropfen im Gras niederprasseln, die grüne Welt um dich herum duftet intensiver nach Natur – und dann lichten sich die Wolken, machen der Sonne wieder Platz, und du spürst einmal mehr ihre Wärme auf deiner nassen Haut.

Wir neigen den Regenstab und fühlen die Tropfen auf unserer Haut. Die Wolken haben sich verzogen – die Sonne strahlt wieder vom Himmel. Es ist angenehm warm – die Sonne trocknet uns. Aber der Mai ist launisch. Abermals wandern uns Wolken entgegen. Es regnet in Strömen (der Regenstab lässt es zweimal regnen). Schnell ist der Regenguss vorbei, und wir laufen heim, um uns trockene Sachen anzuziehen. Und während wir die klammen Kleider ausziehen, hören wir von neuem die Tropfen auf unser Dach trommeln (Regenstab ganz langsam drehen).

Auch bei dieser Regengeschichte ist es angebracht, über unsere Empfindungen zu sprechen. Wichtig ist, dass die Teilnehmer die Möglichkeit bekommen, ihre Eindrücke oder ihre Befindlichkeiten kurz zu artikulieren.

Wir lassen unseren Regenstab noch einmal im Kreis herumgehen. Wer ihn in der Hand hält, darf sprechen. Hat jemand keine Lust, sich zu äußern, gibt er den Stab einfach weiter. Das hat den großen Vorteil, dass sich die Gruppenmitglieder besser auf das konzentrieren können, was zum Thema gesagt wird. Es kommt keine Unruhe auf.

Auswertung:
- Konnte ich anhand des Gehörten den Regen spüren?
- Welche Kraft steckt in der Fantasie?
- Hat der Regenstab die Eindrücke verstärkt?

Übung 7 Es regnet auf das Dach, im Wald, auf das Auto – auf das Glasdach

Zeit: maximal 10 Minuten für diese Übung

Durchführung:
Wir sitzen wieder im Kreis und schließen unsere Augen. Der Regenstab wird geneigt – es regnet. Wo fällt der Regen hin? Die Teilnehmer bringen einzeln ihre Ideen ein. Die Gruppe sitzt mit geschlossenen Augen im Halbkreis – und es regnet und regnet: auf das Glasdach, auf das Auto, im Wald, im Urwald, der Regen trommelt an die Fensterscheibe – der Fantasie sind keine Grenzen gesetzt.

Auswertung:
- In welchen Situationen und Orten habe ich schon Regen erlebt?
- Kann Regen gemütlich sein?
- Warum verbindet man gemeinhin negative Eindrücke mit Regen?
- Wie hat mir die Übung gefallen?
- Wie habe ich mich gefühlt?

Übung 8 Dauerregen

Zeit: keine Vorgabe, siehe Durchführung

Durchführung:
Wir stehen im Kreis und reichen unseren Regenstab herum - ganz vorsichtig – wir neigen ihn ein bisschen mehr – es tröpfelt und regnet sachte aber stetig – bis unser Regenstab die Runde „gemacht“ hat.
Konzentration und Ausdauer ist für diese Übung von Nutzen.

Auswertung:
- Wie habe ich mich bei dieser Übung gefühlt?
- Ist aus der Gruppe ein Team von „Regenmachern“ geworden?
- Wie fühlen wir uns jetzt?

Übung 9 Wunsch-Regen

Zeit: ca. 10 Minuten für diese Übung

Durchführung:
Wir schließen wieder unsere Augen und hören ganz still und stumm dem Regen zu – ca. 1 1/2 Minuten. Während dieser kurzen Ruhepause wünschen wir uns etwas. Anschließend

sprechen wir über unsere geheimen Wünsche – während es weiterhin regnet.

Auswertung:
- Was habe ich bei dieser Übung empfunden?
- Vermittelt das Regengeräusch eine besondere Atmosphäre?
- Bin ich wirklich bereit, über meine geheimen Wünsche zu sprechen?

Kommentar zu den Regenspielen:

Es empfiehlt sich, bei einigen Übungen die Augen geschlossen zu halten. Hören und Konzentrieren gelingt uns allen besser, wenn wir die Augen schließen. Alle unsere Übungen können ohne Mühe sofort eingesetzt werden. Fordern Sie die Teilnehmer immer auf, es sich bequem zu machen – sich zu entspannen: „Wir sind ganz ruhig!“ Lassen Sie ihre Gedanken während des Regens frei „schweben“.

Den Regenstab können Sie auch sehr schön als Liedbegleitung benutzen – als Musik- oder auch als Rhythmusinstrument.

Der Fantasie sind keine Grenzen gesetzt – erfinden Sie selbst Fantasiereisen mit dem Regenstab. Im Anschluss an eine solche Reise erzählen die Teilnehmer gerne von ihren Erlebnissen. Bei der Fantasiereise sollten Sie den Regenstab gut sichtbar in der Hand halten – und wenn es in Ihrer Geschichte regnen soll, dann lange und ausgiebig – und Ihre Teilnehmer, ob groß oder klein, lauschen vergnügt und verzaubert.

Den Sitzkreis sollten Sie nicht zu groß werden lassen – und bedenken Sie: je länger der Regenstab, desto effektiver die Regenwirkung.
Der Regenstab kann auch weitergereicht werden. Er wird hin und her getragen und den Teilnehmern überreicht – möglichst ruhig und leise.

Die Wetterwerkstatt

Wir erzeugen Regen mit Reis, einer Pappschachtel, mit Papier und einer Steinplatte. Und natürlich lernen wir auf diese Weise alle Arten des Regens kennen.

Wir lassen also Reis in eine Pappschachtel rieseln. Eine andere Regenart wird erzeugt, indem wir Zucker auf Papier rieseln lassen. Heftig wird es regnen, wenn wir unsere Steinplatte in die Spüle legen und Wasser darauf platschen lassen; und wer gerade keine Steinplatte zur Hand hat, kann auch auf einen anderen großen, flachen Gegenstand mit unregelmäßiger Oberfläche zurückgreifen.

Für Hagel benötigen wir abermals Reis und eine Dose aus Blech. Der Reis fällt langsam in die Blechdose – es hagelt, und wie!

Natürlich darf auch der Donner in unserer Wetterwerkstatt nicht fehlen. Wir besorgen uns einen Luftballon – dazu eine Murmel und einen Pappkarton. Nun drücken wir die Murmel in den Luftballon und blasen ihn auf. Durch heftiges Hin- und Herschütteln erzeugen wir den kräftigen Donner; und der wird noch stärker, wenn wir Ballon samt Murmel in einen Pappkarton stecken und diesen kräftig schütteln.

Und was wäre das Wetter ohne Sturm und Wind?
Wir besorgen uns eine Kleiderbürste, etwas Pappe und ein großes Weinglas dazu. Nun streichen wir mit der Kleiderbürste über die Pappe – am besten mit kreisender Bewegung.

Der Wind – der Wind – das himmlische Kind: deutlich hören wir ihn.

Und was wäre das Wetter ohne den Sturm? Wir erzeugen ihn durch leichtes Blasen über den Rand unseres Weinglases. Hört ihr ihn pfeifen?

Anmerkung:
Diese Übungen sind sehr reizvoll. Nacheinander erzeugt jedes Gruppenmitglied Wetter – die anderen Teilnehmer hören gespannt zu. Wir schulen den Wahrnehmungssinn, achten auf die feinen Unterschiede im Klang, auf Einzelgeräusche. Wir fördern die Neugierde und Experimentierfreude.

Fantasiereisen

> **Gottes ist die Stille,**
> **des Teufels ist der Lärm.**
>
> Ernst von Dombrowski

Die Fantasiereisen stellen mittlerweile wohl die bekannteste Möglichkeit dar, Entspannungsübungen mit Kindern, Schülern und auch Erwachsenen durchzuführen. Zum Ausklang einer Reise in die Fantasie sollte möglichst ein ausführliches Abschlussgespräch geführt werden. Gefühle, Gedanken, Assoziationen sollten geäußert werden dürfen. Aber auch das „Ich möchte nicht darüber reden" sollte unbedingt akzeptiert werden. Die gute Aufarbeitung einer Fantasiereise ist das Zeichnen von Fantasiebildern oder gar das schriftliche Aufzeichnen kleiner Ereignisse.

Als Beispiel für eine Reise in die Fantasie sollte die folgende Übung genügen. Für Ihre Schüler und überhaupt für alle Ihre Sitzungen ist dieser Text gut geeignet.

Und wiederum bitten wir die Gruppe, sich erst einmal ganz bequem hinzusetzen, tief ein- und auszuatmen und die Augen zu schließen. Der Vortragende sollte ganz ruhig mit freundlicher, warmer Stimme die Geschichte anbieten.

Ich bin der Mond*

Aus Stein und Fels und Staub bin ich, und ich kreise um die Erde, und man sieht mich nur nachts oder in der Dämmerung. Ich bin auch nicht so groß wie die Erde und drehe mich auch nicht wie sie, und so sehen die Menschen immer nur dieselbe Seite von mir. Und ich scheine am Nachthimmel, damit die Menschen auch dann noch etwas sehen können. Ich leuchte nicht selber, auch wenn es so aussieht. Ich bin so hell, weil die Sonne mich anstrahlt. Ich ändere auch nicht meine Form, auch das sieht nur so aus, wenn der Schatten der Erde auf mich fällt. Ich bin und bleibe eine Kugel, auf der es viele Krater gibt und Berge und große Ebenen.

Ich bin nicht so weit weg von der Erde wie die Sonne oder die Sterne oder die Planeten. Und ich bin ein Schauspieler, ändere immer mit dem Erdschatten mein Aussehen. Aber das kennen die Menschen schon, ich kann sie damit nicht mehr überraschen. Zaubern kann ich auch, ich mache Ebbe und Flut.

Besuch von den Menschen habe ich auch schon gehabt, es sind schon welche auf mir gelandet. Astronauten waren das, und sie sind mit Raketen gekommen und haben mich untersucht. Deswegen kennen mich die Menschen auch schon ganz gut – und wenn sie noch Fragen haben, können sie ja gerne wiederkommen. Ich bin ja nicht so weit weg.

*) „Ich bin der Mond“ aus FASZINATION FANTASIEREISEN; Kohl Verlag

Sind alle Teilnehmer von unserer Fantasiereise zurückgekehrt, empfiehlt sich ein abschließendes Gespräch mit Impulsfragen:

Was habe ich erlebt, gefühlt, erfahren? Wie fühlte ich mich?

Vermeiden Sie bitte dabei, zu sehr in den persönlichen Empfindungsbereich des Teilnehmers einzudringen.

Wenn Sie Fantasiereisen regelmäßig in Ihr Erziehungs- oder Unterrichtsprogramm aufnehmen, werden Sie bald feststellen, dass eine Harmonisierung Ihrer Gruppe/Klasse eingetreten ist.

Und bitte vor einer Reise beachten:

- Setzen Sie sich bequem hin
- Entspannen Sie sich
- Lassen Sie die Arme sinken – Hände auf den Schoß legen
- Ruhig ein- und ausatmen

Einige Vorschläge für die Fantasiereisen:

- Wir schweben über den Wolken
- Wir schwimmen hinaus aufs Meer
- Ich bin eine Blume
- Wir reisen zum Mond
- Mein schönstes Ferienerlebnis
- Ich bin ein Delfin
- Wir spazieren auf einer Wiese

Auswertung:

- Wie hat mir die Fantasiereise gefallen?
- Wie habe ich mich während der Fantasiereise gefühlt?
- Wie leicht/schwer ist es mir gefallen, mich zu konzentrieren?
- Wie fühle ich mich jetzt?

Stilleübungen

> **In der Stille liegt die Kraft.**
>
> Goethe

Hören und Sehen und Fühlen

Unser Zeitalter ist ein Zeitalter der Hektik, des Lärms, der Unruhe, der Ablenkung. Tagtäglich werden wir konfrontiert mit Medien wie Radio, Fernsehen, Computer, Internet usw.. Eine Dauerberieselung ist angesagt. Von Stille, Ausruhen und Entspannung keine Spur.

So soll unsere erste Stillereise das Ohr ansprechen. Richtig hinhören können wir aber nur, wenn wir ganz leise sind. Wenn wir uns konzentrieren, können wir die berühmte Stecknadel fallen hören, wenn wir nur wollen. Unsere heutigen Kommunikationsprobleme resultieren häufig daraus, dass wir nicht mehr richtig zuhören können. Regelmäßige Stilleübungen können uns helfen, uns wieder dahingehend positiv zu ändern, wieder das Zuhören zu lernen.

Wir wollen aber auch die Mitmenschen mit einbeziehen, die weder hören noch sprechen können: die Taubstummen unter uns. Ihnen gelten die nächsten Übungen.

1. Übungen zum Thema: Fühlen und Hören in der Dunkelheit

Übung 1 Wir lesen von den Lippen ab

Zeit: ca. 15 Minuten für diese Übung

Durchführung:
Menschen, die nicht hören und deshalb auch nicht sprechen können, nennen wir Taubstumme. Nun haben wir ein Hilfsmittel erfunden – das „Von-Den-Lippen-Ablesen".

Wir stellen einzelne Paare zusammen – und der eine Partner liest seinem Partner den von uns vorbereiteten Text lautlos vor. Es ist unbedingt darauf zu achten, dass sehr langsam und deutlich mit den Lippen „gesprochen" wird. Auch sollte der Text sehr einfach gestaltet sein, um die Übung zu erleichtern.

Der/die Taubstumme schreibt sich die Begriffe auf, die er/sie von den Lippen ablesen konnte. Anschließend wird der diktierte Text mit dem aufgezeichneten Text verglichen.

Nach dieser Partnerübung sollten wir versuchen, der gesamten Gruppe einen leichten, deutlichen Text zu diktieren.

Abgesehen von der Erkenntnis, dass es sehr wichtig ist, sich deutlich zu artikulieren, fördert diese Übung die Fähigkeit, sich zu konzentrieren.

Wie schwer es taubstumme Menschen haben, mit uns zu kommunizieren, zeigt uns diese Übung sehr eindringlich.

Auswertung:
- Was habe ich bei der Übung empfunden?
- Kann ich jetzt Taubheit/Stummheit nachvollziehen?
- Können die Augen die Ohren ersetzen?

Übung 2 Wir werden geführt

Zeit: ca. 10 Minuten

Durchführung:
Die Mitspieler suchen sich jeweils einen Blindenführer. Der Teilnehmer, dem die Augen verbunden werden, muss sich dem sehenden „Blindenhund“ ganz anvertrauen. Er wird durch den Raum oder den Flur geleitet, an Stühlen und Tischen vorbei, um das Pult herum, die Stiegen hinunter. An den vorsichtigen, ungeschickten Bewegungen merkt nicht nur der Blinde sehr intensiv, wie schwer es fällt, sich einem anderen blind anzuvertrauen.

Auswertung:
- Wie habe ich mich bei dieser Übung gefühlt?
- Habe ich als „Blindenhund“ Verantwortung gefühlt?
- Wie groß war die Unsicherheit als „Blinder“?
- Wie habe ich mich während der Übung gefühlt?
- Wie leicht/schwer ist es mir gefallen, mich zu konzentrieren?
- Welchen Sinn könnte diese Übung haben?

Übung 3 „Blinde“ erkennen an den Händen ihre Partner

Zeit: ca. 10 Minuten für diese Übung

Durchführung:
Die Hälfte der Teilnehmer sitzt im Kreis, die andere Hälfte hat die Augen verbunden und bewegt sich leise und stumm um die Sitzenden, um deren Hände abzutasten.
Wer kann seinen Partner bei dieser Übung erkennen?

Auswertung:
- Hatte ich während der Übung Berührungsängste?

- Welche Bedeutung haben Hände während des Tastens für mich bekommen?
- Ist es für den Sehenden möglich, jemanden an seinen Händen zu erkennen?

Nach diesen beiden letzten Übungen des „Blindseins" setzen wir uns alle wieder in den Halbkreis und berichten über unsere Eindrücke. Was war beispielsweise einfacher: geführt werden oder führen? Welche Emotionen sind „hochgekommen"? Spürten wir beispielsweise eine drastische Einengung der Bewegungsfreiheit – fühlten wir uns plötzlich bevormundet - schutzlos – haltlos? Sie werden sicherlich erstaunt sein, welche Erfahrungswerte und Interpretationen die Gruppe mitzuteilen hat.

Übung 4 Lange Arme

Zeit: ca. 5 Minuten für diese Übung

Durchführung:
Einem Mitspieler werden wiederum die Augen verbunden. In jede Hand drücken wir ihm einen Kochlöffel oder einen längeren Stock. Nun bilden wir einen Kreis, und ein Teilnehmer tritt vor den „Blinden". Dieser soll nun den Mitspieler ertasten.

„Unheimlich" ist das Gefühl der langen Arme. Häufig treten gar Ängste auf bei diesem ungewohnten Gefühl, die Arme verlängert zu haben. Eine Aussprache über Befinden und Emotionen sollte diese sehr eindrucksvolle Übung abrunden.

Auswertung:
- Was habe ich bei dieser Übung empfunden?
- Hatte ich Angst, jemanden mit dem Stock/Kochlöffel zu verletzen?
- Hatte ich Angst, vom Stock/Kochlöffel verletzt zu werden?
- Können diese Hilfsmittel die Augen ersetzen?

Übung 5 Sortieren nach Größen

Zeit: ca. 10 Minuten für diese Übung

Durchführung:
Wir nehmen einen Schal oder ein undurchsichtiges Tuch und verbinden damit einem Teilnehmer die Augen. Der „Blinde" muss nun eine Gruppe von 10 Teilnehmern nach ihrer Körpergröße sortieren. Nach Abschluss der Übung stellt er sich selber an die vermeintlich richtige Stelle. Erst jetzt werden ihm die Augen geöffnet.

Anmerkung:
In unserem Leben scheint alles vollkommen zu sein. Um wieder sensibel zu werden für die Unsicherheit und Zweifel in unserem Dasein, schalten wir hier ganz bewusst den Sehsinn aus. Der Zustand des Blindseins führt uns zum Nachdenken oder auch zum Weiterentwickeln neuer Wahrnehmungsmöglichkeiten.

Auswertung:
- Wie habe ich das Abtasten empfunden?
- Kann das „Erfühlen" das Sehen ersetzen?
- Wie habe ich mich gefühlt?
- Wie fühle ich mich jetzt?
- Welchen Sinn haben solche Übungen?

Übung 6 Blindsein

Bei der Frage „Was ist schlimmer, taub oder blind zu sein – wie entscheiden Sie sich?" wird bei den meisten Seminarteilnehmern das Blindsein als eine grausamere Behinderung angesehen. Diese Übung sollte uns sensibel werden lassen für unsere Welt der Töne, Farben und Gegenstände – Blindsein bedeutet absolute Dunkelheit – oder auch jemandem vertrauen zu müssen, um in unserer Welt trotzdem zurecht zu kommen. Wir lassen uns vertrauensvoll von unserem Partner führen.

Zeit: ca. 10 Minuten für diese Übung

Durchführung:
Die Gruppe stellt sich paarweise auf – pro Paar verteilen wir eine Binde. Je ein Teilnehmer verbindet sich seine Augen. Der Führende nimmt die Hand des Blinden und führt ihn langsam und stumm durch den Raum. Dabei muss der Sehende darauf achten, dass der Blinde unbeschadet durch den Raum gehen kann, ohne anzustoßen oder anzuecken.
Nach ca. 3 Minuten wechseln wir.

Hier erleben wir die Erfahrung des „Vertrauen-Könnens“. Ohne dieses Vertrauen breitet sich Angst und Unsicherheit aus. Sich vertrauensvoll einem anderen zu überlassen, ist eine sehr wertvolle Übung.

Auswertung:
- Ist es schwer, Verantwortung für andere zu übernehmen?
- Belastet uns das Vertrauen der „Blinden“?
- Kann ich mich dem Führenden restlos anvertrauen?
- Welchen Sinn haben solche Übungen?

Übung 7 Blinde Spieler

Zeit: ca. 20 Minuten für diese Übung

Durchführung:
Zum Abschluss unserer „Blindenspiele“ noch ein faszinierendes Konzentrationsspiel für die ganze Gruppe.

Sie benötigen hierzu 10-20 rechteckige Holzklötzchen oder Dominosteine zum Aufstellen, einen Stab (Lineal, Kochlöffel oder Bleistift) und die obligatorische Augenbinde.

Nun stellen wir die Holzklötzchen hochkant so auf, dass eine Art Labyrinth entsteht, und verbinden einem Teilnehmer die Augen. Der bekommt jetzt die Aufgabe, den Stab möglichst fehlerfrei durch das Labyrinth zu führen, ohne dass ein Holzplättchen umfällt. Der Sehende darf den Blinden verbal führen, aber nicht an die Hand nehmen.

Ist der Sehsinn ausgeschaltet, schleicht sich sofort eine große Unsicherheit ein. Auch bei diesem Spiel bemerken wir das sofort. Ganz sich anvertrauen können – das vermittelt diese Übung sehr gut.

Auswertung:
- Wie schwer ist es, verbale Anweisungen „blind“ auszuführen?
- Wie groß war die Unsicherheit als Anweisender/ Ausführender?
- Was hat mir diese Übung klargemacht?
- Wie fühle ich mich jetzt?
- Welchen Sinn haben solche Übungen?

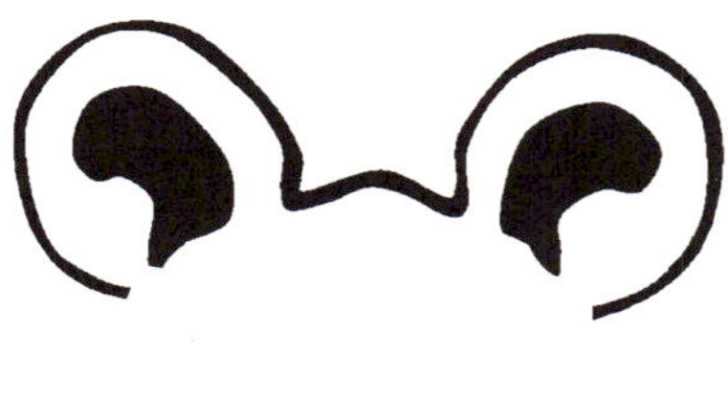

2. Übungen zum Thema: Hören

Verlassen wir nun die Welt der Dunkelheit und wenden wir uns dem **reinen Hören** zu. Die nachfolgenden Übungen sollen unseren Hörsinn schärfen und uns dahin bringen, selbst der absoluten Stille lauschen und sie hören zu können - so widersinnig das anfangs für den Laien auch klingen mag.

Anmerkung:
Einfach nur lauschen – Lauschen ist nur möglich, wenn wir ganz still sind und uns gesammelt konzentrieren – mit „ganzem Ohr“. Lauschen heißt nicht Schweigen – weder beklemmendes, noch eisiges oder betretenes Schweigen.

Wir schließen die Augen und hören die Vögel zwitschern, die Uhr ticken, die Rufe des Turnlehrers, die Schritte des Hausmeisters – den Regen – den Wind. Wir lauschen eine Sanduhr-Länge.

Übung 1 Hört, was kommt von draußen rein

Zeit: ca. 10 Minuten für diese Übung

Durchführung:
Wir öffnen die Fenster. Eine Sanduhrlänge (3 Minuten) schließen die Teilnehmer die Augen.

Jeder merkt sich möglichst viele Geräusche, die er von draußen erfasst – hört.

Anschließend erfolgt die Aussprache. Welche Geräusche habe ich vernommen? Wir erstellen eine Liste und fragen auch gleichzeitig, was der einzelne dabei empfunden hat. Wir werden staunen, was wir alles hören, wenn auch wirklich zugehört wird.

Auswertung:
- Gab es Geräusche, die ich sonst nie wahrgenommen habe?
- Wie habe ich mich bei der Übung gefühlt?
- War die „Länge“ zu kurz/zu lang?
- Wie fühle ich mich jetzt?

Übung 2 Stille weitergeben

Zeit: ca. 5 Minuten für diese Übung

Durchführung:
Wir nehmen ein Blatt Papier (DIN A4) und reichen es dem Ersten der Gruppe mit der Bitte, dieses möglichst lautlos weiterzugeben: Welche Geräusche hören wir trotzdem bei der Reise des Blattes?

Ein einfaches, reizvolles Spiel, welches äußerste Konzentration erfordert: Wiederum erfahren wir Stille und Konzentration – und genau zuhören sollten wir auch.

Hier ist Stille fassbar – Stille ist im wahrsten Sinne des Wortes greifbar.

Auswertung:
- Warum ist es so schwer, bei dieser Übung lautlos zu sein?
- Bin ich durch diese Erfahrung dem Begriff „Stille" etwas näher gekommen?

Übung 3 Ich flüstere deinen Namen

Zeit: keine Vorgabe

Durchführung:
Die Teilnehmer unseres Workshops schicken wir auf den Flur oder in die Nebenklasse/den Nebenraum. Dort gilt es, ganz leise zu sein. Anschließend flüstert der Spielleiter oder ein Mitspieler jeweils den Namen eines Teilnehmers. Der Aufgerufene bzw. der „Aufgeflüsterte" begibt sich auf Zehenspitzen wieder auf seinen Platz.

Stille heißt ja nicht totale Stille – die wird es in unseren Breiten nicht mehr geben. Aber Stille und Konzentration, Entspannung und Ruhe können gelernt werden – der alltägliche „normale“ Lärmbetrieb unterstreicht dann ja erst recht unsere eigene Stille.

Auswertung:

- Wie habe ich mich bei der Übung gefühlt?
- Ist mir die Konzentration schwer gefallen?
- Kam mir die Situation bekannt vor?

Übung 4 Feder fallen hören

Kann man den Schneefall hören?

Wir fordern die Teilnehmer auf zu überlegen, ob wir ein so feines Gehör haben, dass wir sogar den Schnee fallen – oder – auch das Gras wachsen hören können. Gerade für Kinder ist diese Frage interessant! Wir wollen es ausprobieren und besorgen uns eine Feder und lassen sie auf den Boden fallen. Oder ein Blatt Papier. Oder ein Stück Stoff.

War etwas zu hören? Wir sprechen anschließend darüber.

Anmerkung:
Für die „Fortgeschrittenen“ geeignet ist die Frage, ob ein Tannenzapfen, der in einem einsamen, leeren Wald auf den Boden fällt, ein Geräusch von sich gibt. Dem liegt die Überlegung zugrunde, ob etwas nur dann hörbar ist, wenn jemand da ist, der es auch hören kann. Bei der Diskussion darüber erscheint auch der Begriff „Stille“ in einem ganz anderen Licht!

Übung 5 Das Telefon

Zeit: ca. 10 Minuten für diese Übung

Durchführung:
Die Gruppe nimmt im Sitzkreis Platz. Der Erste flüstert dem Nachbarn zur Rechten schnell eine Frage ins Ohr, die dieser sofort, wie er sie verstanden hat, weitertelefonieren muss. Vom Dritten geht die Frage an den Vierten, bis sie beim Letzten angelangt ist, der sie dann laut verkünden muss. Wenn dann der Anfänger bekannt macht, was er ins Telefon hineingerufen hat, wird die Überraschung groß sein. Ganz interessant dürfte es auch sein, von Person zu Person melden zu lassen, was dieselbe weitertelefonierte: „Guten Morgen, Liebchen“; verstand der Zweite: „Besorgen Sie mir ein Hütchen“; der Dritte: „Morgen kaufe ich ein Hütchen“, usw. Die Hauptsache ist, dass die Frage sofort weitertelefoniert wird, ganz gleich, was man verstanden hat. Man muss die Frage sehr schnell stellen. Zum Schluss wird das Ergebnis des Telefonats vom letzten Hörer vorgetragen – und wir werden erstaunt sein, was wir nun zu hören bekommen.

Auswertung:
- Wie habe ich mich bei der Übung gefühlt?
- Ist es schwer, Unverstandenes weiterzugeben?
- Welchen Sinn hat eine solche Übung?

Übung 6 Wer hat das Glöckchen?

Zeit: ca. 10 Minuten für diese Übung

Durchführung:
Die Spielgruppe sitzt im Kreis – ein Mitspieler wird ausgewählt, den Raum zu verlassen. Der Klangstab*) wird nun

*) Der Klangstab (Energy Chime) ist erhältlich im Kohl Verlag.

einem Teilnehmer übergeben, der ihn hinter dem Rücken hält. Alle anderen Mitspieler verschränken ebenfalls die Hände hinter dem Rücken. Der Mitspieler wird nun wieder herbeigerufen und hört den Klang des Klangstabes. Er muss nun herausfinden, aus welcher Ecke das Geräusch kommt. Kann er das Geräusch orten, wird der nächste Mitspieler benannt.

Das Klangspiel macht der Gruppe Freude – das Orten des Klanges ist allerdings nicht sehr leicht, gelegentlich sind mehrere Versuche nötig.

Auswertung:
- Warum ist es so schwer, den Klang zu orten?
- Erleichtert vielleicht sogar das Sehen das Hören?
- Wie hat mir die Übung gefallen?
- Welchen Sinn hat diese Übung?

Übung 7 „Entschwindender Ton“

Kleine Übung mit dem Klangstab:

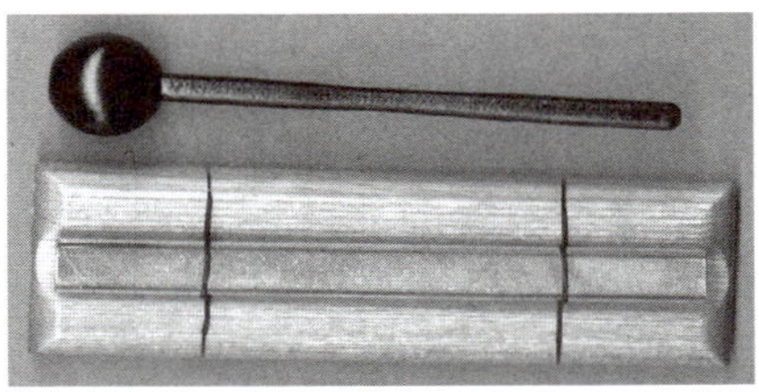

Zeit: ca. 5 Minuten

Durchführung:
Die Gruppe sitzt mit geschlossenen Augen im Kreis. Der Spielleiter schlägt leicht auf den Energy-Chime. Die Teilnehmer des Workshops versuchen nun, den Ton (Ton E) möglichst lange zu verfolgen. Wer den Klang nicht mehr hören kann, öffnet seine Augen.

Auswertung:
- Habe ich den Klang des Energy-Chime als angenehm empfunden?
- Verbinde ich den entschwindenden Ton mit einer rein visuellen Assoziation?

Übung 8 Klang und Namen

Zeit: ca. 5 Minuten für diese Übung

Durchführung:
Leise rufen wir den Namen eines Mitspielers auf und verbinden diesen Ruf mit unserem Energy-Chime. Die aufgerufenen Mitspieler kommen jeweils in die Mitte, um sich einen Gegenstand zu holen. Ganz leise kehrt man auf seinen Platz zurück.

Auswertung:
- Lässt der Klang des Energy-Chime meinen Namen anders klingen?
- Habe ich mich mehr auf den Namen oder den Energy-Chime konzentriert?

Anmerkung:
Die Verbundenheit wird mit dem gemeinsamen Kreis verwirklicht. Wir schauen in die Mitte des Kreises. Dort brennt eine Kerze oder leuchtet uns ein Blumenkranz entgegen. Wir schließen wieder die Augen und lassen alles auf uns einwirken. Stille und Ruhe kehren ein.

Nach den Übungen lassen wir die Teilnehmer über ihre Empfindungen berichten. Sie werden staunen, welche Assoziationen zustande kommen.

Und noch eine Anmerkung:
Verwenden Sie akustische und optische Signale für erklärungsbedürftige Verhaltensweisen. Sie erleichtern Erklärungen. Die Signale werden jeweils mit Stilleübungen assoziiert.

Ein Beispiel: Ein Schlag auf den Energy-Chime ➠ Die Teilnehmer setzen sich.

Zwei Schläge ➠ Die Teilnehmer erheben sich.

Nachdem wir ganz still geworden sind, nehmen wir geräuschlos die Stühle und bilden damit den Halbkreis.

Übung 9 Körpererfahrung und Stille

Zeit: ca. 5 Minuten für diese Übung

Durchführung:
Die Teilnehmer schließen wiederum die Augen und halten sich feste die Ohren zu. Nun träumen wir. Nach einer Minute „öffnen“ wir die Ohren und fangen an zu brummen:
brmmmmmmm...

Anschließend tauschen wir unsere Erfahrungen aus.
Diese Übung eignet sich sehr gut, um eine schwierige Gruppe zur Ruhe zu bringen.

Natürlich kann neben dem Brummen auch eine andere „Geräuschkulisse“ eingeübt werden.

Auswertung:
- Was empfinde ich mit geschlossenen Ohren?
- Kann ich dann in mich hineinhören – und ist das noch Stille?
- Was empfinde ich mit „offenen“ Ohren?
- Worin liegt der Unterschied in den Empfindungen?

Übung 10 Das Kugelspiel

Zeit: ca. 5 Minuten für diese Übung

Durchführung:
Wir sitzen wieder im Kreis und schließen die Augen. Nun spitzen wir unsere Ohren, denn eine Kugel rollt ganz leise an uns

vorbei. Wer die Kugel nicht mehr hört, öffnet die Augen. Auch zwei oder drei Kugeln können wir zum Rollen bringen.

Auswertung:

- Kann ich die Richtung der Kugel(n) hören?
- Woran merke ich, dass ich die Kugel nicht mehr höre?

Zum Abschluss der Stilleübung „Hören" werden wir uns, jenseits von Zeitvorgabe, Durchführung und Auswertung, mit Hilfe der Stille und unserer Fantasie in ein anderes Geschöpf verwandeln: in ein Tier – in ein Pferd! In ein Pferd in freier Wildbahn, das dasteht und lauscht …

Das Pferd

Da steht das große, schwarze Pferd – ruhig und gelassen – es hat die Ohren gespitzt – es lauscht – es hört die feinsten Geräusche.

Nun stellen wir uns vor, selbst ein solches Pferd zu sein: Wir schließen die Augen und sehen das Pferd – die Nüstern sind aufgebläht, nehmen Witterung auf, die Beine stehen fest auf dem Boden, die Ohren spielen im Wind, achten auf ungewohnte Geräusche, die Muskeln sind angespannt, der ganze Körper ist bereit zum Sprung, zur Flucht …

Schlüpft nun in die Gestalt des Pferdes. Was passiert? Wie fühlt ihr euch? Atmet ganz langsam ein – atmet jetzt wieder aus. Nun öffnet wieder die Augen – aber – immer noch seid ihr ein Pferd – ihr steht alleine auf der Weide und lauscht. Was hört ihr? Was passiert um euch herum?

Eine kurze Aussprache sollte danach erfolgen – die Fragen werden beantwortet.

Anmerkung:
Auch hier setzen Stille und Lauschen innere Ruhe voraus – sich hineinversetzen in die Situation des Pferdes gelingt nur, wenn ich mich konzentrieren kann.

3. Übungen zum Thema: Sehen

Wenden wir uns nun den Stilleübungen „Sehen" zu. Sehen heißt in der Grundform: etwas mit den Augen erkennen. Das Sehen ist also zunächst einmal eine rein visuelle, optische Angelegenheit.

Bei diesen Stilleübungen geht es um genaues Beobachten, Betrachten und Fixieren. Wenn wir genau hinschauen, entdecken wir manches, was uns sonst nicht erschlossen wird. Neue Sichtweisen werden sich eröffnen. Wir unterscheiden Wichtiges und Unwichtiges. Und mit geschlossenen Augen sehen wir unsere inneren Bilder. Auch werden wir bei diesen Übungen unsere Wahrnehmung vertiefen können.

Lässt uns aber auch die reine Fantasie „sehen“? Ist das Sehen wirklich ausschließlich von den Augen abhängig?

Die nächsten Stilleübungen werden diese Fragen beantworten.

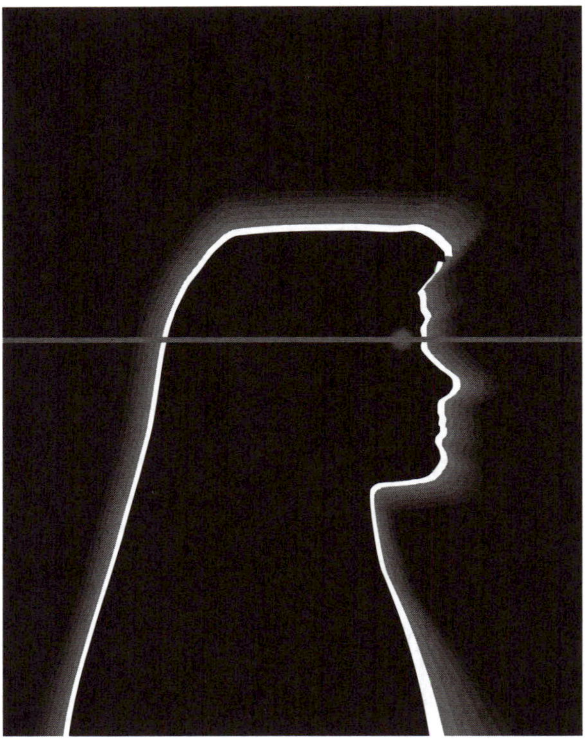

Übung 1 Optische „Trugbilder“

Die folgenden Zeichnungen sind zweideutig. Jedes der Bilder kann zwei verschiedene Darstellungen annehmen. Das Bild Nr. 1 kann sich in eine alte oder in eine junge Frau verwandeln.

Bild 1:

Hat man sich für ein Bild entschieden, fällt es schwer, die andere Frau „herauszusehen“. Die Zeichnung wird „Meine Frau und meine Schwiegermutter“ genannt. Der Überraschungseffekt ist besonders reizvoll bei jüngeren Teilnehmern. Sie erlebten zumeist das erste Mal optische Täuschungen – oder dass man seinen Augen nicht trauen darf.

Bild 2 zeigt vordergründig einen Indianerkopf – aber auch einen Eskimo vor seinem Iglu.

Bild 2:

Das Bild Nr. 3 zeigt uns eine Vase. Betrachtet man es jedoch genauer, so zeigen sich plötzlich zwei sich anschauende Gesichter.

Bild 3:

Anmerkung:
Sehübungen sind wichtig – das genaue Beobachten, Betrachten und Fixieren von Bildern ist deshalb nicht unbedeutend, weil hier grundlegende Defizite unserer Gesellschaft angesprochen werden. Viele Kinder und Schüler haben geradezu verlernt, sich eigene Bilder vorzustellen, auch kreativ zu sein. Durch die immerwährende „Sucht“ nach neuen Eindrücken und Fernsehbildern wird das genaue, richtige Betrachten eines Objektes geradezu verschüttet.

Wer viel sehen will,
braucht nur ein Auge zuzudrücken.

Daniele Varé

Übung 2 Sich konzentrieren

Zwischendurch sollten Sie sich als Workshop-Leiter ruhig einmal beweisen lassen, wie es mit der Konzentration der Teilnehmer bestellt ist.

Die Abbildungen werden eine Sanduhrlänge (3 Minuten) genau betrachtet.

Anschließend stellen wir abwechselnd folgende Fragen – und es wird nicht zurückgeblättert:

1.	Was hält der Cowboy in der Hand?
2.	Wie viele Punkte hat der Fliegenpilz?
3.	Hat der Elefant Stoßzähne?
4.	Zwischen welchen Bildern befindet sich der Cowboy?
5.	Ist der Kamin vom Häuschen links oder rechts auf dem Dach?
6.	Ist beim Kanu die Ober- oder Unterseite heller?
7.	Wie viele Sprossen hat die Leiter?
8.	Ist die Mausefalle zugeschnappt?
9.	Rudert der Kanute nach links oder rechts?
10.	Wie viele ganze Löcher hat das Käsestück in der Mausefalle?
11.	Hat der Elefant große oder kleine Ohren?
12.	Raucht der Kamin vom Häuschen oder nicht?
13.	Was befindet sich zwischen der Mausefalle und dem Cowboy?
14.	Schimpft Vögelchen mit dem Pilz oder dem Kanuten?

Übung 3 Stell dir vor ...

Nach dem Stille-Memory werden wir kreativ! Bei folgender Übung kann die Fantasie nicht zu kurz kommen. Die Teilnehmer sollten aus dem Kopf heraus die Bilder zeichnen – künstlerische Werke sind nicht gefragt! Gefragt ist die Fähigkeit, sich Dinge, Ereignisse, Menschen usw. vorzustellen – der Fantasie ist freier Lauf zu lassen, der Einbildungskraft keine Grenzen gesetzt, und Humor ist immer angebracht.
Viel Spaß!

ein fliegendes Pferd	ein Elefant in der Badewanne
ein Schwein in der Schulklasse	ein Buch mit Wurm
ein Bär mit Röckchen	ein Verlag mit einem Baum

Übung 4 Vorstellungen

Zeit: ca. 10 Minuten für diese Übung

Durchführung:
Sie fordern die Gruppe auf, sich einmal unsere Welt ohne Verkehrsbetrieb (Autos, Flugzeuge, Züge etc.) vorzustellen. Welche Auswirkungen hätte das auf unser persönliches Leben? Welche Bilder entstehen in unseren Köpfen?
Anschließend erfolgt die Aussprache.

Auswertung:
- Kann ich mir diese Situation wirklich vorstellen?
- Macht mir diese Vorstellung Angst?
- Würde ich mich noch zurechtfinden?
- Wie fühle ich mich jetzt?

Übung 5 Betrachten eines Bildes

Zeit: ca. 5 Minuten für diese Übung

Durchführung:
Die Kursteilnehmer sitzen im Halbkreis. Ein großes Bild oder Foto zeigt uns eine Landschaft (Wald, Wiese, Gebirge, Meer, Wüste, etc.). Wir fordern die Teilnehmer auf, das Bild genau zu betrachten. Danach schließen wir unsere Augen und lassen das Bild noch einmal in uns wirken. Nach ca. $1\,{}^{1}/_{2}$ Minuten – eine halbe Sanduhrlänge – erklingt der Energy-Chime (Klangstab). Alle öffnen ihre Augen. Nun schildern wir unsere Eindrücke.

Auswertung:
- Was habe ich gesehen?
- Was konnte ich mir vorstellen?
- Sind besondere Eindrücke im Gedächtnis haften geblieben?
- Vermittelte das Bild eine Stimmung?
- Wie habe ich mich während der Übung gefühlt?
- Wie erkläre ich mir diese Assoziation?

Übung 6 Konzentration auf ein Bild

Zeit: ca. 10 Minuten für diese Übung

Durchführung:
In diesem Falle wurde das Bild „Stille“ an die Tafel gehängt. Man kann aber auch andere Bilder oder Gemälde für diese Übung verwenden. Unser Bild zeigt ein Kind mit riesigen Ohren, die Augen sind geschlossen, der Mund schmunzelt zufrieden. Unterhalb des Bildes ist in dicken Lettern der Begriff „Stille“ zu sehen.

Der Übungsleiter bittet nun die Teilnehmer, das Bild genau zu betrachten. Dabei sollte Stille herrschen.

Nach ca. einer Minute ertönt der Klangstab, die Teilnehmer schließen die Augen und stellen sich das Bild genau vor. Der Klangstab beendet nach ca. 2 Minuten (oder schon nach einer Minute) die Meditation.

Nun können die Teilnehmer von ihren Eindrücken berichten. Hierbei sollte sich der Gruppenleiter „zurücknehmen“ und die Gruppe alleine sprechen und diskutieren lassen.

Auswertung:
- Welche Assoziationen hatte ich?
- Konnte ich mir das Bild gut vorstellen?
- Welche Einzelheiten haben sich besonders eingeprägt?
- Welche Interpretationen lässt das Bild zu?

Übung 7 Ist die Stille gelb?

Zeit: ca. 10 Minuten für diese Übung

Durchführung:
Wir sitzen wieder im Kreis und schließen die Augen, atmen tief ein und aus und schauen in uns. Der Klangstab gibt uns das Zeichen. Welche Farbe hat eigentlich die Stille? Ist sie gelb, blau oder rot? Wir lassen uns dabei eine halbe Sanduhrlänge Zeit – 2 bis 3 Minuten. Anschließend fragen wir nach der Farbe, nach den Empfindungen, und warum die Stille gerade bei Frau Müller rot und bei Frau Klein gelb geworden ist.

Auswertung:
- Was habe ich bei dieser Übung empfunden?
- Hatte ich die Assoziation an eine bestimmte Farbe?
- Ist die Farbe der Stille gar meine Lieblingsfarbe?

Übung 8 Heiß oder kalt

Zeit: ca. 10 Minuten für diese Übung

Durchführung:
Aus der Teilnehmergruppe muss sich ein Mitspieler so lange in einen anderen Raum begeben, bis die Übrigen einen Gegenstand bestimmt oder versteckt haben, den der Betreffende suchen soll.

Betritt nun der Suchende das Zimmer, so muss er hier einen Rundgang machen oder es durchqueren. So wie er sich dem Gegenstand, den ja alle kennen, nähert, erklingt der Klangstab. Je näher der Suchende dem Versteck kommt, desto intensiver erklingt der Klangstab. Das letzte Mal tut er das, wenn der Suchende den Gegenstand gefunden hat.

Oft kommt es auch vor, dass der Suchende sich wieder vom Gegenstand mehr und mehr entfernt, dann wird natürlich auch der Klang wieder schwächer und schwächer.

Auswertung:
- Was habe ich bei dieser Übung empfunden?
- Hat hier der Klangstab die Augen unterstützt?
- Kann ich auf diese Art den Gegenstand auch mit geschlossenen Augen „ertasten"?

Übung 9 Im Spiegel betrachten

Zeit: keine Vorgabe

Durchführung:
Zwei Spieler stehen sich in der Mitte des Halbkreises gegenüber. Der eine Teilnehmer zeigt dem anderen Mitspieler die Bewegung, die dieser imitieren soll.

Beide Arme hochheben, sich auf den Boden setzen, sich am linken, rechten Ohr zupfen, mit dem Kopf nicken, auf den Bauch legen, beide Hände in die Hüften stemmen, sich die Haare raufen.

All diese „Spielarten" sollten möglichst lautlos absolviert werden.

Die anderen Teilnehmer beobachten beide Spieler genau und äußern sich anschließend dazu. Es empfiehlt sich, zweimal dieses Spiel zu wiederholen bzw. beim Spielen weitere Ideen der Teilnehmer einzubauen.

Auswertung:
- Was habe ich bei dieser Übung empfunden?
- Wie habe ich gefühlt, als ich nachmachte/ nachgemacht wurde?
- Gelingt es, nahezu zeitgleich zu imitieren?

Übung 10 Eine Geschichte

Anmerkung 1:
Jeder von uns hat schon die Erfahrung gemacht, wie es ist, sich intensiv im Spiegel zu betrachten – so auch der Autor F. M. Lutz. Lesen Sie seine kurze Geschichte leise, ruhig und an den entsprechenden Stellen auch humorvoll und mit einem Augenzwinkern vor. Der Energy-Chime läutet danach eine halbe Sanduhrlänge Stille ein, die genutzt wird, um über das Gehörte nachzudenken. Anschließend folgt eine kleine Aussprache nach dem Motto: „Habe ich das nicht auch schon einmal erlebt?" – und es darf geschmunzelt werden...

Die Begegnung

Ich weiß nicht, warum, aber ich habe sie immer gehaßt. Vielleicht hat es mit diesem letzten Rest von Eitelkeit zu tun, die mir verbietet, mir selber zuviel zuzumuten, wenn ich in so einen Spiegel schaue – jedenfalls nach dem dreißigsten Geburtstag: Verdrängung pur, Komplexe on the rocks.

Doch dieser Tage war es dann passiert, einen Tag nach Neujahr. Ins Neue Jahr gefeiert, zuviel gefeiert, zuviel getrunken, zuviel gute Vorsätze, zuviel Versprechungen, zuviel Druck auf der Blase.

Ich habe nie verstanden, warum über dem Waschbecken in der Toilette ein Spiegel hängt; die zwei im Bad und die beiden in der Diele waren mir schon zuviel, mehr als genug – und ausgerechnet hier auf dem Klo blieb mein müder Blick auf dem Gesicht hängen, das mich da aus dem Spiegel anstarrte.

Aufkommender Trotz und eine Spur Neugierde ließen mich dem frechen Blick standhalten: Ein in die Breite gegangenes Gesicht, lichter werdendes Haar, an den Schläfen schon silbrig glänzend, passend zu den Geheimratsecken, verkniffene Lippen, die vorwitzig aus dem Wust von struppigem Vollbart hervorlugten, die dicke Nase, die graublauen Augen, von denen es das rechte immer ein bißchen nach außen trieb und die sich jetzt auf meine Augen fixiert hatten ...

Nein! Unmöglich! Da muß ein Filmriss sein!

Wo war der Typ geblieben, mit dem ich noch vor fünfzehn Jahren einigermaßen zufrieden war? Wo war dieses schmale, glatte Gesicht geblieben, die dichten, braunen Haare, die glänzenden Augen, die immer braungebrannte Haut, die vollen Lippen?

Ich stützte mich schwer auf dem Waschbecken auf, beugte mich nach vorne, näher zum Spiegel hin: Heiliger, wer war das?

Mein Gegenüber zog verwundert die Augenbrauen in die Höhe, hatte sich ebenfalls nach vorne gebeugt. Bestimmt war er genauso erstaunt wie ich, schien etwas in meinem Gesicht zu suchen, wie ich auch. Ja, ich suchte diese Narbe auf der Stirn, die nur ich hatte, einzig ich alleine – und mir wurde ziemlich elend, als ich sie in dem alten Gesicht entdeckte, genau da, wo ich sie auch hatte.

Die beiden Gesichter entfernten sich wieder voneinander. Er schien genauso überrascht und verwundert zu sein, wie ich selber, schien sich dieselbe Frage zu stellen: Wer ist das?

Ein unendlich langer Blick ...

Ein unendlich langes Beschauen jeden Haares, jeder einzelnen Pore, ein unendlich langes Beschauen jeder Falte, die sich in diesem alten Acker eingegraben hatte, ein unendlich langes Beschauen einer geheimnisvollen Symmetrie – Beschaulichkeit ...

Nein, es gab kein Entrinnen! Die plötzlich aufkommende Erkenntnis ließ mich frösteln: Jedes verlorene Jahr hatte seine Visitenkarte in dem Ding hinterlassen, das mich da aus dem Spiegel anstarrte.

Verlorene Jahre?

Was geschah nach dem letzten Tag, an dem ich die Spiegel noch nicht hasste? Was war es gewesen, das mir die Zeit für mich nahm? Der Beruf, der mich mehr und mehr forderte und mir Verantwortung aufzwang, die ich nicht wollte? Die Heirat, die Familie, die Kinder, die mir mehr Verantwortung …? Das Leben, das ich mir nicht ausgesucht hatte und das mir mehr abverlangte als es zu geben bereit war? Die Fragen, die ohne Vorwarnung auftauchten und von mir eine Antwort verlangten, einfach so?

Wo waren die Jahre bloß geblieben?

Die alte Unruhe, die mich immer wieder angetrieben hatte und die mir die verrücktesten Situationen bescherte? Die alte Neugierde, die mich immer wieder neue Türen aufstoßen ließ? Die alte Zutraulichkeit, die mir immer wieder Narben einbrachte? Die alte Unschuld, die mich den süßen Geschmack des Idealismus kosten ließ? Die alten Träume, die mich ruhig schlafen ließen?

Kannst du mir das sagen? Hey du, ja dich meine ich, dich, im Spiegel!

Schweigen. – Zu viele Fragen.

Ehrlich, ich hatte mehr von meinem Gegenüber erwartet, sah er doch so alt und erfahren aus, nicht wahr?

Er schaute mich genauso skeptisch an wie ich ihn. Naja, wenigstens schien er genauso wenig die Antworten zu kennen wie ich auch.

Dafür schlich sich plötzlich ein Grinsen über sein Gesicht – er grinste mich tatsächlich an, Lachfältchen um die alten Augen.

Es gibt keine verlorenen Jahre, Alter, es gibt sie nicht. Schau mich an, dann weißt du, wo sie sind.

Ich schaute ihn mir noch einmal genau an, und obwohl er noch derselbe war, hatte sich etwas an ihm verändert. Was? Weiß nicht.

Ich zwinkerte ihm noch einmal zu, bevor ich ihn sich selbst überließ …

… ist schon okay, ist schon okay so …

F. M. Lutz

Anmerkung 2:
Der Spielleiter sollte bei allen „Übungen" Ruhe und Konzentration ausstrahlen. Achten Sie auf Ihre Stimme – sprechen Sie langsam und ruhig. Aber: Sprechen Sie möglichst wenig – nur das Notwendigste. Lassen Sie die Teilnehmer spielen – ihre Ideen einbringen – diskutieren.

Bringen Sie selber Ruhe und Stille mit - legen Sie Pausen ein – arbeiten Sie möglichst intensiv mit dem Energy-Chime (Klangstab). Lassen Sie es still werden, dass Sie die Gänsefeder im Raum fallen hören können. Spielen Sie Stillespiele wirklich still!

Erklären Sie die Spiele nur, wenn alle Teilnehmer auch zuhören können (Energy-Chime!). Der Energy-Chime ist das Signal für die intensive Aufmerksamkeit. Nutzen Sie die beruhigende und konzentrationsfördernde Wirkung Ihrer eigenen Person - machen auch Sie Pause. Niemand kann sich stundenlang voll konzentrieren oder still sein. Öffnen Sie das Fenster.

Übung 11 Das Schlüsselsuchen oder Ringsuchen

Zeit: ca. 10-15 Minuten für diese Übung

Durchführung:
Zur Ausführung dieses Spiels wird ein nicht zu großer Schlüssel oder Ring gebraucht, der auf ein Band oder eine Schnur gezogen ist, deren Enden verknüpft sind. Die Mitspieler sitzen in einem Kreis, möglichst nahe zusammen, und halten die erwähnte Schnur in den Händen, indem sie den Schlüssel oder Ring von einer Hand zur anderen schieben. Ein in der Mitte des Kreises stehender Spieler hat die Aufgabe, den Schlüssel zu suchen, was ihm dadurch sehr erschwert wird, dass alle Hände an der Schnur in beständiger Bewegung sind, so dass es schwer möglich ist zu entdecken, welche Hand gerade den Schlüssel oder den Ring weiterschiebt oder in welcher Hand er eben verborgen ist. Findet der Suchende den Schlüssel, so wird er von demjenigen, der sich hat erwischen lassen, abgelöst und der letztere muss nun seinerseits der undankbaren Aufgabe des Schlüsselsuchens nachkommen.

Das Spiel wird schweigend gespielt – in aller Konzentration versucht der Spieler im Kreis, den Schlüssel zu finden. Ein Spiel, das der Gruppe Spaß bereitet.

Auswertung:
- Wie schwer ist es, in Bewegung Details zu erkennen?
- Fördert die Stille über die Konzentration dieses Erkennen?

Übung 12 Ich sehe was, was du nicht siehst

Zeit: keine Vorgabe

Durchführung:
Hierbei handelt es sich um das Erraten eines Gegenstandes; da das Spiel sehr einfach ist, eignet es sich auch für kleine Kinder. Die Spieler sitzen im Kreis, sie wählen aus ihrer Mitte den, der raten soll, schicken ihn hinaus und bestimmen dann irgend einen im Zimmer befindlichen Gegenstand, den er nennen soll. Kommt er herein, so heißt es: „Ich sehe was, was du nicht siehst". Natürlich wird man nicht den erwähnten Gegenstand ins Auge fassen, sondern jetzt in eine ganz anderen Richtung sehen. Der Ratende darf nun drei Fragen an den Fragesteller richten, nämlich: „Woraus ist das Ding gemacht?" „Wie sieht es aus?" „Wozu wird es gebraucht?". Rät er den Gegenstand, so muss der Fragesteller hinausgehen, er nimmt dann dessen Platz ein, während ein neuer Gegenstand gewählt wird, der nun wieder erraten werden muss.

Merkmale der Beschreibung können auch Formen, Farben oder Größen sein.

Dieses einfache Spiel erfordert Konzentration, genaues Hinschauen und Merkfähigkeit.

Auswertung:
- Inwiefern verlangt dieses Spiel hohe Konzentration?
- Ist Stille auch bei diesem Spiel hilfreich?

Übung 13 Gegenstände einprägen

Zeit: siehe Durchführung

Durchführung:

Die Teilnehmer besorgen sich jeweils einen kleinen Gegenstand – Lineal, Stein, Bleistift, Radiergummi usw. Anschließend setzen sich alle wieder in den Halbkreis – wobei die Mitspieler den Gegenstand vor sich hinlegen. Nun betrachten die Teilnehmer die Gegenstände ganz genau und versuchen, sich diese zu merken. Die Zeitspanne dafür sollte eine kleine Sanduhrlänge betragen – ca. 3 Minuten. Anschließend werden die Utensilien entfernt. Nun wird reihum gefragt – jeder Teilnehmer sollte Gelegenheit bekommen, einen anderen Mitspieler zu fragen, welchen Gegenstand er selber vor sich liegen hatte. Konzentration ist hierbei gefragt.

Auswertung:
- Was ist neben Konzentration noch wichtig bei dieser Übung?
- Ist die Merkfähigkeit in ruhiger Umgebung größer?

Übung 14 Konzentrieren wie ein Kommissar

Zeit: ca. 10 Minuten für diese Übung

Durchführung:
Die Teilnehmer stellen sich in einem Halbkreis auf, und jeder betrachtet genau die Runde.

Empfehlenswert ist wieder eine Sanduhrlänge – ca. 3 Minuten absolute Stille sollten vorherrschen.

Nach dieser Zeitspanne setzen sich die Spieler wieder ganz leise auf ihre Stühle, schließen die Augen und lassen die Teilnehmergruppe im Geiste an sich vorüberziehen. Die Augen bleiben weiterhin geschlossen. Und nun fragt der Spielleiter: „Wie viel Personen im Raum haben schwarze Schuhe an?" „Wie viele Mitspieler sind Brillenträger?" „Wie viele Personen tragen einen Pullover?" „Wie viele Leute tragen Jeans?" „Wie viele Damen (Mädchen) befinden sich im Raum?" „Wie viele Personen tragen Sandalen?" „Wie viele männliche Teilnehmer haben eine Halb- oder Vollglatze?"

Wichtig:
Mit geschlossenen Augen beantworten die Teilnehmer die Fragen!

Anschließend sollte wieder über die Empfindungen, Gefühle und Erfahrungen gesprochen werden. Die Teilnehmer sind erfahrungsgemäß erstaunt über die Fülle an Beobachtungsfehlern!

Auswertung:
- Fühlte ich mich bei der Beantwortung der Fragen überfordert?
- Hätte ich mich bei Unruhe genauso konzentriert?
- Wie erkläre ich mir die Fehler?
- Wie leicht ist es mir gefallen, sich zu konzentrieren?
- Hat mir die Übung gefallen?

Übung 15 Das Augenlicht

Zeit: ca. 10 Minuten für diese Übung

Durchführung:
Die Teilnehmer sitzen in Kreisform im abgedunkelten Raum. In der Mitte des Kreises wird eine große Kerze entzündet, an der nun jeder Teilnehmer das Teelicht anzündet, das er zuvor vom Workshopleiter bekommen hat.
Dieser fordert die Teilnehmer nun auf, eine Minute lang intensiv in die Flamme des eigenen Teelichtes zu schauen und an-

schließend die Augen zu schließen und zu schweigen. Man solle darauf achten, was nun passiert: Ist es möglich, mit geschlossenen Augen zu sehen? Gibt es auch eine visuelle Stille?

Erst wenn der Workshopleiter dazu auffordert, sollen die Teilnehmer berichten, was sie mit geschlossenen Augen gesehen haben – und erst danach dürfen sie dieselben wieder öffnen.

Auswertung:
- Wie habe ich mich bei der Übung gefühlt?
- Welche Rolle spielt das Teelicht dabei?
- Ist es hilfreich, beim Berichten die Augen geschlossen zu haben?
- Konnte ich mich konzentrieren?

Übung 16 Ein neuer Blick

Eine wunderbare Übung, die weder Zeitvorgabe noch Auswertung braucht – sie spricht für sich selber und ist wie keine andere geeignet, die Stilleübungen SEHEN ausklingen zu lassen:

Diese Übung soll die Teilnehmer darauf aufmerksam machen und daran erinnern, dass selbst das kleinste und unscheinbarste „Etwas" von Bedeutung ist.

Der Workshopleiter hat vorab Steinchen, Grashalme, Kleeblätter, Samen- oder Reiskörner besorgt und legt jedem Teilnehmer je ein Exemplar vorsichtig auf die Handfläche. Er fordert dazu auf, sich diese kleinen Dinge aufs Genaueste anzuschauen und Formen, Farben und Strukturen zu erkennen und zu beschreiben. Dieses Vorgehen weckt das

Verständnis für die Einmaligkeit jeder Existenz und seiner Bedeutung auch für unser Leben: Da ist das unscheinbare Steinchen, das schon Tausende Generationen Mensch erlebt hat; das Reiskorn, das das Jahr über die Energie des Bodens in sich gespeichert hat; der Grashalm mit seiner fasrigen Struktur, die so stabil und doch so verletzlich ist.

Alle diese Dinge schweigen, sind einfach. Schweigen wir auch und benutzen wir die Stille, um zusammen mit dem Unscheinbaren wieder zum Kern, zum Wesentlichen zu kommen.

Anschließend sprechen wir wieder über unsere Empfindungen und Gefühle, Erfahrungen und Eindrücke.

Eine wunderbare Übung – fast hin zum Philosophischen!

Zum Schluss dieses Kapitels noch eine kurze Nachbetrachtung:

Stilleübungen ermöglichen ihren Teilnehmern, ihre Gedanken intensiv auf ein „Problem“ zu konzentrieren, sich zu sammeln und zu besinnen. Die Hektik unseres Alltags wird hier kurz angehalten – und dies wird zumeist von allen Mitspielern als sehr wohltuend empfunden.
Nervosität und Unruhe werden zurückgedrängt, eine kurze Zeitspanne der Sammlung wird ermöglicht.

Stille ist ein Stück Himmelreich auf Erden.

E. Psichari

4. Übungen zum Thema: Fühlen

Fühlen, spüren, wahrnehmen – mit unserem Tastsinn oder über die Seele, die Intuition: Fühlen entzieht sich der Rationalität und rückt damit in den Bereich des Unbeschreiblichen.

Dennoch können wir lernen, unser Fühlen, unser Empfinden zu intensivieren bzw. uns unsere Gefühle bewusst zu machen.

Auch dabei helfen uns Stilleübungen. Richtig und regelmäßig angewandt, vermitteln sie uns mit der Zeit ein anderes Lebensgefühl – probieren Sie einfach mal folgende Übungen aus!

Übung 1 Wir begrüßen uns

Zeit: ca. 5 Minuten

Durchführung:
Die Teilnehmer des Workshops stehen sich in zwei Reihen gegenüber und gehen ganz leise aufeinander zu, begrüßen sich schweigend und gehen zu ihrem Standort zurück. Die Teilnehmer nehmen Kontakt auf in völliger Ruhe und Stille – ohne die üblichen lauten Begrüßungszeremonien – eine Übung, die nicht ohne Wirkung auf die Teilnehmer bleiben wird. Lassen Sie sich überraschen – probieren Sie es aus!

Auswertung:
- Wie habe ich mich bei der Begrüßung gefühlt?
- Habe ich dabei irgend etwas vermisst?
- Kommt mir diese Art der Begrüßung ehrlicher vor?

Übung 2 Klang und Raum

Zeit: ca. 10 Minuten für diese Übung

Durchführung:
Die Spieler schließen ihre Augen; und zu einem Klang (Klangstab, Klangschale oder Rührtrommel) bewegen sie sich ganz leise durch den Raum. Wird das Klangspiel beendet, setzen sich die Teilnehmer wieder geräuschlos auf die Stühle.

Disziplin und Konzentration sind bei diesem Stillespiel gefragt, und den Teilnehmern macht es großen Spaß, auf den Zehenspitzen durch den Raum zu schweben.

Auswertung:
- Wie habe ich mich bei der Übung gefühlt?
- Hat der Klang Einfluss auf meine Bewegungen gehabt?
- Fühlte ich mich nach der Übung besser?
- Welchen Sinn hatte diese Übung?

Eine Anmerkung:
Sind nicht Lärm und Disziplinlosigkeit die Herrscher unserer Schule? Sind sie nicht verantwortlich für einen Großteil unproduktiver Zeit in unserer Schule? Ist es deshalb nicht besonders wichtig, diesen Feinden unserer Erziehungsarbeit konsequent entgegenzutreten?

Deshalb sollten die Stilleübungen uns allen helfen – Kindern und Erziehern – sich zu entspannen und sich zu konzentrieren. Ist es nicht der immerwährende Zwang, sich Ruhe verschaffen zu müssen, der die Kinder und die Lehrer nervt?

Gedankenbonbon: Buddhas stille Predigt

In der Stille und Ruhe liegt die Kraft!

Von Buddha wird erzählt, er habe eine Predigt gehalten, bei der er nichts sagte; in der Hand hielt er lediglich eine Lotusblüte …

Und noch eine Anmerkung zwischendurch:
Fordern Sie bei den Übungen von den Teilnehmern, sich entspannt hinzusetzen: „Die Beine sind locker und ruhig, die Füße berühren den Boden. Die Arme liegen auf dem Schoß, locker und leicht. Die Augen schließen wir und werden ganz still – wir kehren nach innen zurück – atmen ruhig – die Anspannung des Tages lässt nach, die Arme und Beine werden schwer. Die Stille tut uns gut. Wir spüren eine wohltuende Ruhe."

Diese Anweisungen teilen wir mit freundlicher Stimme mit.

Übung 3 Wie lang ist eigentlich eine Minute?

Zeit: ca. 5 Minuten für diese Übung

Durchführung:
Wir sitzen im Halbkreis. Der Gruppenleiter schlägt leicht auf den Energy-Chime, um die nächste kleine Übung anzuzeigen. Zuerst schauen wir auf den Sekundenzeiger des Weckers – eine Minute lang, schweigend. Dann schließen wir die Augen, und der Spielleiter lässt wieder den Energy-Chime erklingen. Die Mitspieler sollen nun vom Klang an die Augen geschlossen halten. Wer der Meinung ist, die Minute sei herum, öffnet wieder die Augen. Mit dem Klang des Energy-Chimes wird das Ende der Minute signalisiert. Manche haben dabei noch die Augen geschlossen. Eine kurze Aussprache (Erfahrungsaustausch) über die „Schätzminute“ ist unbedingt erforderlich. Die Teilnehmer sind oft überrascht, wie lang oder auch wie kurz eine Minute sein kann.

Kindern fällt die Schweigeminute besonders schwer. Gerade ihnen kommt sie unendlich vor. Hier sollte „geübt“ werden. Schon 30 Sekunden Stille machen die Kleinen stolz, denn sie haben durchgehalten und freuen sich über diese Fähigkeit, empfinden die Stille eigentlich von Anfang an als wohltuend. Sie erleben das Stillsein als eine Leistung, zu der sie in der Gruppe fähig sind – vor allem, wenn es ihnen das nächste Mal gelingt, sogar eine ganze Minute still zu sein!

Auswertung:
- Woran habe ich in dieser Minute gedacht?
- Vergeht die Zeit scheinbar schneller, wenn man sich wohlfühlt?
- Wie habe ich mich bei der Übung gefühlt?
- Wie leicht/schwer ist es mir gefallen, mich zu konzentrieren?
- Warum lässt sich eine Zeitspanne so schlecht/gut einschätzen?

Übung 4 Wie doch die Zeit vergeht

Zeit: siehe Durchführung

Durchführung:
Dies ist eine ganz einfache Übung – jedoch sehr effektiv.

Wir sitzen wieder im Halbkreis. Der Kursleiter/Lehrer stellt eine große Sanduhr, für alle sichtbar, auf den Tisch. Die Gruppe beobachtet schweigend, wie die Sandkörner durch die Öffnung rieseln. Anschließend sprechen wir über unsere Eindrücke. Manch ein Schüler wird wieder besonders stolz sein, so lange schweigend und still ausgehalten zu haben. Mit der Sanduhr-Länge 3, 5 oder 10 Minuten lassen sich hier sehr gute Stilleübungen durchführen.

Auswertung:
- Wie habe ich mich bei der Übung gefühlt?
- Was habe ich beim Beobachten der Sandkörner empfunden?
- Hat mich die Übung beruhigt?
- Fiel mir die Übung leicht/schwer?

Übung 5 Atmen und Lächeln

Zeit: ca. 5 Minuten

Durchführung:
Zum Abschluss der Stilleübungen Fühlen setzen wir uns ganz entspannt hin, atmen gleichmäßig und ruhig ein und aus, schließen die Augen und lenken unsere Aufmerksamkeit auf die geschlossenen Augen. Nun lächeln wir in die geschlossenen Augen hinein – ganz ruhig und still. Wir atmen ein – wir atmen aus. Wir atmen und lächeln. Die Übung sollte nicht länger als 5 Minuten andauern.

Auswertung:
- Wie fühlte ich mich nach der Übung?
- Was bewirkt ruhiges, bewusstes Atmen?
- Hat mich das Lächeln entspannt?
- Welchen Sinn kann diese Übung haben?

Anmerkung:
Das Lächeln richtet uns auf – es gibt uns Kraft und Energie. Sowohl das eigene Lächeln als auch das eines anderen Menschen tut uns wohl – wir verschenken ein Lächeln oder bekommen es als Geschenk. Lächeln bedeutet gleichfalls Harmonie und Zufriedenheit. Es entspannt. Wir nehmen es an – wir werden angenommen.

Diese kleine Stilleübung lässt uns unsere Sorgen, Schmerzen oder Trauer – aber auch Müdigkeit und Apathie – bewusst machen. Das Lächeln lindert und tröstet. Vielleicht kommen wir auch zum „inneren Frieden“ mit uns.

5. Übungen zum Thema: Ruhe und Bewegung

Bei den folgenden Übungen versuchen wir, Ruhe und Bewegung in Einklang zu bringen – aktiv sein und sich entspannen können soll hier den Teilnehmern demonstriert werden. Stille Bewegungsübungen werden uns begleiten, unterbrochen von Phasen der Ruhe und Entspannung. Bewegung und Ruhe, ergänzen sich gegenseitig – schweigende Bewegungen werden Stilleübungen.

Auf diese Art wird stures sitzen bleiben vermieden, dem Körper wird das nötige Maß an Bewegung zugeführt, der Humor kommt nicht zu kurz und der Umgang miteinander innerhalb der Gruppe wird spielerisch erleichtert – es wird nie Langeweile aufkommen!

Übung 1 Wir pflücken „fremde“ Birnen

Zeit: maximal 5 Minuten für diese Übung

Durchführung:
Alle Mitspieler sitzen aufrecht auf ihren Stühlen und strecken beide Arme zur Decke. Mit den Händen greifen wir immer weiter nach oben – zum Birnbaum – und greifen – pflücken – ganz leise zwanzig Birnen.
Das Spiel ist zur Auflockerung hervorragend geeignet – nebenbei strecken wir unsere Wirbelsäule und die Schultergelenke – der Oberkörper wird locker und leicht.

Auswertung:
- Wie habe ich mich während dieser Übung gefühlt?
- Wie fühle ich mich nach dieser Übung?

Übung 2 Wir pflücken Äpfel

Zeit: ca. 5 Minuten für diese Übung

Durchführung:
Die Gruppe erhebt sich ganz leise, stellt sich breitbeinig vor die Stühle und beginnt, beide Arme in Richtung Decke zu strecken. Abwechselnd greifen wir immer höher – die herrlichen Äpfel leuchten uns entgegen – wir greifen – wir stellen uns auf die Zehenspitzen und pflücken 20 Äpfel. Alles geht schweigend vonstatten.

Ebenfalls eine gute Übung zur Auflockerung; gleichzeitig strecken wir unsere Wirbelsäule und den Schultergürtel. Unser Rücken ist uns dankbar.

Auswertung:
- Wie habe ich mich während dieser Übung gefühlt?
- Wie fühle ich mich nach dieser Übung?

Übung 3 Der Landregen

Zeit: ca. 5 Minuten für diese Übung

Durchführung:
Wieder gibt der Klangstab oder auch die Klangschale das Signal. Es wird ganz still im Raum. Der Ton verklingt. Anschließend wird mit leiser Stimme das Spiel erläutert:

Die Gruppe reibt die Finger – danach die Handflächen – dann schnippt sie mit den Fingern – schlägt sich rhythmisch auf die Schenkel – trommelt nun auf die Stühle und trampelt zum Schluss mit den Füßen: Wir hören nun den großen Landregen!

Dies erfolgt ohne zu sprechen. Eine anschließende Aussprache sollte erfolgen.

Auswertung:
- Wie habe ich mich bei der Übung gefühlt?
- Kam hier ein Gruppengefühl auf?

Übung 4 Pantomimengeschichten

Zeit: ca. 10 Minuten für diese Übung

Durchführung:
Und wieder erklingt der Klangstab und leitet die nächste kleine wortlose Stilleübung ein.
Die Teilnehmer gehen lautlos durch ein flaches Gewässer – sie bewegen sich ganz vorsichtig auf einem rutschigen Feldweg – sie schauen stehend einem Tennisspiel zu – sie hören schlecht und bemühen sich, das den Sprechenden klarzumachen – sie halten sich vor Lachen den Bauch (lautlos!).

Der Klangstab beendet wieder die Übung.

Auswertung:
- Hatte ich bei dieser Übung Hemmschwellen zu überwinden?
- Hat es Spaß gemacht, in andere Rollen zu schlüpfen?
- Konnte ich mich richtig in die jeweilige Rolle hineinversetzen?

Übung 5 Auf die Plätze

Zeit: ca. 10 Minuten für diese Übung

Durchführung:
In unserem Übungsraum ist eine Reihe Stühle aufgestellt, und zwar derart, dass abwechselnd einmal der Sitz und einmal die Rückenlehne nach vorne steht. Die Spielteilnehmer nehmen auf den Stühlen Platz, nur für einen, welcher durch das Los ausgewählt wurde, ist kein Sitz vorhanden. Dieser eine ist der Anführer; mit einem Stock bewaffnet umkreist er nun die Stuhlreihe, und derjenige, vor dem er auf den Boden pocht, muss sich erheben und hinter dem Anführer ganz leise hertrotten. So kommt schließlich eine ganze Reihe zustande, die im Gänsemarsch dem Anführer auf seinen vielverschlungenen Wegen ganz leise folgt. Plötzlich klopft dieser mit seinem Stock dreimal auf den Boden oder flüstert „Auf die Plätze!“. Daraufhin müssen alle, auch der Anführer natürlich, so rasch wie möglich einen Platz in der Stuhlreihe zu erhaschen suchen, was durch die eigentümliche Stellung der Stühle sehr erschwert wird. Einer bleibt schließlich übrig, und auf diesen geht das Amt des Anführers über.

Wichtig ist, dass diese Übung ganz, ganz leise durchgeführt wird.

Auswertung:
- Wie habe ich mich bei dieser Übung gefühlt?
- Fühlte ich mich in die Kindheit zurückversetzt?
- Habe ich die Ruhe bei dieser Übung als angenehm empfunden?

Übung 6 Der Gutshof

Zeit: ca. 10 Minuten für diese Übung

Durchführung:
Der Spielleiter erklärt der im Kreis um ihn herum sitzenden Gesellschaft, es solle jetzt das Tierleben auf einem Gutshof dargestellt werden, und zwar durch die Naturlaute, wie sie den verschiedenen vierfüßigen oder gefiederten Bewohnern eines solchen eigen seien. Er werde jetzt jedem Teilnehmer den Namen eines Tieres ins Ohr flüstern, dessen Gebrüll oder Geschrei möglichst naturgetreu nachzuahmen zunächst sein vornehmstes Bestreben sein müsse. Auf ein gegebenes Zeichen solle die ganze Gesellschaft gleichzeitig loslegen und jeder nach besten Kräften das ihm zugewiesene Tierlein zu vertreten suchen.

Der Spielleiter macht nun die Runde und flüstert jedem Teilnehmer etwas ins Ohr, und zwar nur, dass gerade er sich still verhalten solle. Nur dem einen, der zum Opfer ausersehen ist, flüstert der Spielleiter den Namen irgend eines für solche Zwecke mit Vorliebe benutzten Tieres (Ochse, Esel, Schaf usw.) zu mit dem Bedeuten, auf das gegebene Zeichen sofort kräftig einzusetzen. Nachdem der Spielleiter seine Runde vollendet hat, tritt er in den Kreis zurück und gibt nun das verabredete Zeichen, worauf anstatt des erwarteten allgemeinen Gebrülls und Geschreis nur aus einem Munde ein tiefes „Muuh“ oder das liebliche „Mäh“ des geduldigen Wollproduzenten oder gar der halbe Gesang des grauen Langohrs „I-ah I-ah“ ertönt. Die im ersten Augenblick wohl erstaunten Gesichter der Mitspieler werden sich schnell in lachende verwandeln, während dasjenige des Angeführten in diesem Augenblick schwerlich einen sehr geistreichen Ausdruck haben wird.

Auswertung:
- Hat diese Übung Spaß gemacht?
- Ist es lustig, auf diese Weise jemanden hereinzulegen?
- Habe ich etwas wie Schadenfreude empfunden?

Übung 7 Aber Sie machen mir ja alles nach

Zeit: ca. 10 Minuten für diese Übung

Durchführung:
Es darf weiter gelacht werden – zur Auflockerung nach all dieser Konzentration und Entspannung.

Ein Teilnehmer wird hinausgeschickt. Er soll, hereingerufen, sagen, was für ein Spiel gespielt wird.

Die Spieler sitzen aber alle still, stumm und erwartungsvoll da und sagen gar nichts.

Jetzt wird dem Delinquenten die Situation peinlich werden, er weiß vor Befangenheit nicht mehr, was er machen soll – die Spielgemeinschaft zeigt auch große Befangenheit. Absolute Stille ist angebracht.

Endlich platzt dem Mitspieler seine Verlegenheit heraus: „Aber was ist denn los?!“

Sofort flüstern alle Teilnehmer: „Aber was ist denn los?!“

Schließlich wird der Arme sagen: „Aber ihr macht mir ja alles nach!“ Damit ist das Zwischenspiel beendet.

Auch hier gilt wieder Disziplin und Stille – soll das Spiel gelingen.

Auswertung:
- Wie habe ich mich als „Opfer“ gefühlt?
- Ist ein „Gruppengefühl“ aufgekommen?
- Hatte ich Mitleid mit dem „Opfer“?
- Konnte ich darüber herzlich lachen?
- Tut lachen wirklich gut?

Übung 8 Der wandernde Taler

Zeit: ca. 10 Minuten

Durchführung:
Bei diesem Spiel sitzen die Teilnehmer in einem Kreis, ein in der Mitte Stehender muss ein Geldstück suchen, das von einer Hand in die andere wandert. Es ist leicht möglich, dass das Geldstück beim Zureichen zur Erde fällt; der, dem dies Versehen passiert oder derjenige, bei dem der Taler gefunden wird, muss in den Kreis treten und weiter suchen. Das Bereinigen und nach rechts und links Ausstrecken der Hände wird von sämtlichen Teilnehmern beständig ausgeführt und zwar im Takt nach der Melodie des kleinen Liedes:

Taler, Taler, du musst wandern
Von der einen Hand zur andern.
Das ist herrlich, das ist schön,
Taler, du musst weiter gehn.

Die Melodie wird geflüstert oder ganz leise gesungen!

Auswertung:
- Wie habe ich mich bei der Übung gefühlt?
- Fällt die Koordination der Bewegungen schwer?

Übung 9 Zublinzeln

Zeit: ca. 10 Minuten

Durchführung:
Dieses bekannte Spiel lässt sich ganz hervorragend in unser Stillübungs-Repertoire einbeziehen.

Ganz leise stellen wir unsere Stühle kreisförmig auf – ein Stuhl bleibt frei. Hinter jedem Stuhl steht ein Mitspieler, der Wächter, mit den Händen auf dem Rücken – natürlich auch hinter dem Stuhl, der frei bleiben muss. Nun blinzelt Sabine einen sitzenden Mitspieler an, der ruckartig seinem Wächter zu entkommen und auf den freien Stuhl zu gelangen versucht. Bemerkt der Wächter diese Absicht, hält er seinen „Gefangenen“ an den Schultern fest. Gelingt das Entkommen also nicht, muss der Festgehaltene mit dem Zublinzeln fortfahren, andernfalls versucht nun der „unaufmerksame“ Wächter, wieder einen Mitspieler herbeizublinzeln. Natürlich wird auch dieses Spiel ganz, ganz leise gespielt – hohe Konzentration wird so von allen gefordert.

Auswertung:

- Wie habe ich mich bei diesem Spiel gefühlt?
- Worauf muss ich mich bei dieser Übung besonders konzentrieren?
- Ist die Ruhe der Flucht dienlich oder hinderlich?

Übung 10 Wir gehen quer durch den Raum

Zeit: ca. 10 Minuten

Durchführung:
Wir bewegen uns ganz, ganz leise! Wichtig ist, dass alle teilnehmen – niemand darf, sollte zuschauen.

Zuerst gehen wir ganz ruhig durch das Klassenzimmer, ohne dass wir jemanden berühren – jetzt verändern wir jeweils die Richtung.
Nun schließen wir unsere Augen und gehen ganz vorsichtig blind durch den Raum.
Dabei versuchen wir, mit ausgestrecktem Armen die Fingerspitzen der anderen Teilnehmer zu berühren. Jetzt öffnen wir die Augen wieder, halten unsere Hände auf den Rücken und begrüßen uns mit den Schultern – stumm und leise.

Zum Schluss ahmen wir verschiedene Gangarten nach: Wir sind „hundemüde“ – wir schleichen wie die Indianer auf dem Kriegspfad – leise – leise – wir gehen durch den Raum und freuen uns stumm und geräuschlos.

Auswertung:

- Habe ich mich als „Blinder“ unsicher gefühlt?
- Hat die ungewöhnliche „Begrüßung“ Berührungsängste abgebaut?
- Wie habe ich Berührungen empfunden?

Kommentar:
Durch diese Übung werden unter anderem durch die Stille die Berührungsängste etwas abgebaut, die uns durch gesellschaftliche Zwänge, Vorgaben und Normen anerzogen wurden.
Diese Übung lässt sich in allen Räumlichkeiten durchführen.

Übung 11 Affen machen alles nach

Zeit: ca. 3 Minuten

Durchführung:
Der Übungsleiter steht vor der Gruppe und macht schnell wechselnde Bewegungen mit seinen Armen. Die Teilnehmer versuchen, die Bewegungen spiegelbildlich zu imitieren. Natürlich bewegen wir uns stumm – Konzentration und Koordination sind wieder gefragt.
Länger als 3 Minuten sollten Sie den Affen nicht machen.

Auswertung:

- Wie wichtig ist die Konzentration bei dieser Übung?
- Fällt die Koordination der Bewegungen bei Ruhe leichter?

Übung 12 Buchstaben in der Luft

Zeit: ca. 2 Minuten

Durchführung:
Wir sitzen alle aufrecht auf dem Stuhl, der Workshop-Leiter nennt einen Buchstaben und die Teilnehmer zeichnen den Buchstaben in der Luft mit der Hand nach. Natürlich erfolgt die Übung in aller Stille. Konzentration und Koordination sind hierbei gefragt. Es empfiehlt sich, nicht mehr als fünf Buchstaben „zeichnen" zu lassen. Für jeden Buchstaben sollten Sie ca. 15 Sekunden berechnen.

Auswertung:
- Konnte ich die Buchstaben „sehen", die ich zeichnete?
- Hätten die anderen sie „lesen" können?

Übung 13 Kuh und Schwein

Zeit: ca. 10 Minuten

Durchführung:
Schmunzeln ist angesagt.

Wir suchen uns eine Geschichtenerzählerin. Diese bekommt die Aufgabe, uns ganz langsam und leise eine Geschichte zu erzählen, in der zwei Begriffe immer wieder vorkommen – nämlich „Kuh" und „Schwein". Bei dem einen Wort steht die linke Hälfte der Gruppe auf und setzt sich wieder ganz leise hin, bei dem anderen Begriff ist die andere Hälfte gezwungen, ganz leise aufzustehen und sich wieder hinzusetzen.

Konzentration und Koordination wird bei diesem Stillespiel geübt.

Auswertung:
- Ist es schwer gefallen, richtig zu reagieren?
- Habe ich dieses Spielchen wirklich mit Humor „genossen“?
- Fällt mir das „Erfinden“ einer Erzählung schwer?
- Hat mir die Übung gefallen?

Übung 14 Plätze tauschen

Zeit: ca. 10 Minuten

Durchführung:
Der Workshopleiter teilt die Gruppe. Zwei Stuhlreihen werden so aufgestellt, dass sich die Mitspieler gegenüber sitzen. Auch bei der Vorbereitung des Spiels ist Stille angesagt. Nun flüstert der Spielleiter den Teilnehmern folgende Anweisung zu: „Wir tauschen ganz leise unsere Plätze.“ Die Spieler wechseln ganz ruhig und auf Zehenspitzen ihre Plätze. Nun folgt die Aufforderung: „Wir tauschen ganz leise mit unseren Stühlen die Plätze!“ Jetzt lassen wir die Teilnehmer aufstehen und ganz leise rückwärts gehen, ohne einen Mitspieler zu berühren. Nun schließen wir die Augen, berühren mit einer Hand den Boden und bewegen uns leise vorwärts, möglichst wieder ohne einen Mitspieler zu berühren. Dann suchen wir unsere Plätze – mit geschlossenen Augen – ganz ganz leise – bitte.

Auswertung:
- Wie habe ich mich bei dieser Übung gefühlt?
- Welche Atmosphäre vermittelt diese Übung?
- Was war schwer, was fiel mir leicht?

Kommentar:
Bei dieser Übung kommt es wieder auf Disziplin und Konzentration an – auch Rücksichtnahme wird eingeübt. Eine Übung, die ebenfalls das Gruppenbewusstsein belebt: Wir gehören zusammen!

Übung 15 Schlangenlinie

Zeit: keine Vorgabe

Durchführung:
Der Spielleiter legt mittels Schnüren oder Tesakrepp eine Schlangenlinie durch den Raum. Die Teilnehmer bewegen sich nun ganz leise und vorsichtig auf dieser Linie – leise – leise – eine recht reizvolle Wegstrecke.

Auswertung:
- Woran hat mich diese Übung erinnert?
- Ist es schwer, auf der Linie zu bleiben?

Übung 16 Das Apfeltauchen

Die Zeit: ca. 10 Minuten

Durchführung:
Auf einer großen Schüssel voll Wasser schwimmt eine Anzahl kleiner Äpfel, und es wird nun die Aufgabe gestellt, einen derselben, ohne Zuhilfenahme der Hände, nur mit dem Munde herauszufischen. Das würde sehr leicht sein, wenn man den Apfel mit den Zähnen am Stiel fassen könnte, aber dem ist wohlweislich durch Entfernen oder Kürzen der Stiele vorgebeugt. Man ist also gezwungen, den Apfel selbst mit den Zähnen zu erfassen, aber das ist nicht so leicht wie es aussieht, weil der Apfel bei der geringsten Berührung zur Seite schlüpft oder untergeht. Jedenfalls geht die Sache schwerlich ohne etwas Wasserschlucken oder ein nasses Gesicht ab.

Auswertung:
- Was habe ich bei diesem Spiel empfunden?
- Hat es mir Spaß gemacht?
- Musste ich dabei herzlich lachen?
- Konnte ich mich selber in Frage stellen?

Übung 17 Wolle blasen

Zeit: ca. 5 Minuten

Durchführung:
Ein runder, nicht zu kleiner Tisch eignet sich am besten zur Ausführung dieses Spiels; um ihn herum sitzen, möglichst eng geschlossen, die Mitspielenden, auf dem Tisch liegt ein Flöckchen Baumwolle oder eine Feder. Es geht nun darum, dass einer dem anderen das Flöckchen zubläst, wogegen jener sich gleichfalls durch Blasen zu wehren sucht. Die Abwehr darf, wie gesagt, nur durch Blasen erfolgen. Die Hände, die untätig unter dem Tisch oder auf dem Rücken verbleiben müssen, dürfen dabei unter keinen Umständen benutzt werden.

Selbstverständlich erfolgt diese Übung wiederum lautlos – nur das Blasen ist zu hören.

Auswertung:
- Hat mir dieses Spiel Spaß gemacht?
- War es schwer, die Hände still zu halten?

Kommentar:
Um bei allen Übungen die Stille und Ruhe zu erhalten, sollte der Workshop-Leiter immer recht sparsam sein mit Erklärungen, Anweisungen und Erläuterungen. Sprechen Sie möglichst wenig. Ihr Verhalten sollte Zeichen für Ruhe und Konzentration setzen. Bei Übungen mit Kindern ermahnen Sie nur einzelne, unruhige Kinder. Stellen Sie Regeln auf – erklären Sie das Spiel (die Übung) nur erst dann, wenn alle zuhören. Sparen Sie nicht mit dem Signal (Energy-Chime) für Aufmerksamkeit und Konzentration. Und zwischendurch darf auch gelacht werden!

Übung 18 Die Balance halten

Zeit: ca. 5 Minuten

Durchführung:
Auch bei dieser Übung gilt es, leise das Gleichgewicht zu halten, die Balance nicht zu verlieren.

Wir nehmen uns mehrere Luftballons, und die Teilnehmer versuchen, mit diesen auf den Handrücken so durch den Raum zu schweben, dass sie nicht zu Boden fallen. Auch diese Übung erfolgt möglichst lautlos. Die Teilnehmer werden gezwungen, sich ganz ruhig und langsam zu bewegen, Geschicklichkeit und Konzentration sind hierbei gefragt. Eine schöne Übung, die Teilnehmer werden begeistert sein!

Auswertung:
- Fühlte ich mich bei dieser Übung „gebremst"?
- Was macht es so schwer, die Ballons auf dem Handrücken zu halten?

Übung 19 Der Zauberer mit dem Ball

Zeit: keine Vorgabe (ein Durchgang)

Durchführung:
Die Teilnehmer sitzen ganz ruhig im Kreis. In der Mitte des Kreises steht der Zauberer. Er hält einen Ball in der Hand. Ein Mitspieler betritt den Kreis – ganz leise – und flüstert: „Zauberer, wo bin ich?" Der Zauberer übergibt wortlos den Ball und erlöst ihn damit. Er wird damit auch der neue Zauberer. Der alte Zauberer setzt sich wortlos auf den freien Platz, und das Spiel beginnt von vorne.

Sehr reizvoll bei diesem Stillespiel ist die Lautlosigkeit und der absolute Flüsterton – Konzentration und Spannung sind hierbei angesagt.

Auswertung:
- Was habe ich bei dieser Übung empfunden?
- Welche Atmosphäre vermittelt dieses Spiel?

Übung 20 Barfuss durch den Raum

Zeit: ca. 5 Minuten

Durchführung:
Leise ziehen wir unsere Schuhe und Strümpfe aus und schleichen barfuß durch den Raum – leise – leise. Hier spüren die Teilnehmer, ob groß oder klein, den warmen oder auch kalten Untergrund – manchmal ist der Boden hart, manchmal weich.

Auswertung:
- Wie habe ich diese Übung empfunden?
- Welchen Eindruck vermitteln „blanke" Füße?

Übung 21 Wir bewegen uns lautlos, ohne anzustoßen

Zeit: ca. 5 Minuten

Durchführung:
Diese Übung zur Wahrnehmung bedingt das Wegräumen des Mobiliars – Tische und Stühle werden beiseite gestellt. Nun bewegen sich alle Teilnehmer schweigend durch den Raum. Jeder sucht seinen eigenen Weg – niemand spricht, niemand darf berührt werden. Jetzt gehen wir auf Zehenspitzen – leise – leise! Nun schließen wir die Augen, die Arme vorgestreckt –

ob es uns gelingt, niemanden zu berühren? Ruhig und langsam tasten wir uns durch den Raum – ein beklemmendes Gefühl – leise – leise – mucksmäuschenstill.

Auswertung:

- Was habe ich bei dieser Übung empfunden?
- Welche Atmosphäre hat sie vermittelt?
- Spielten Berührungsängste eine Rolle?

Einfache Übungen mit Musik

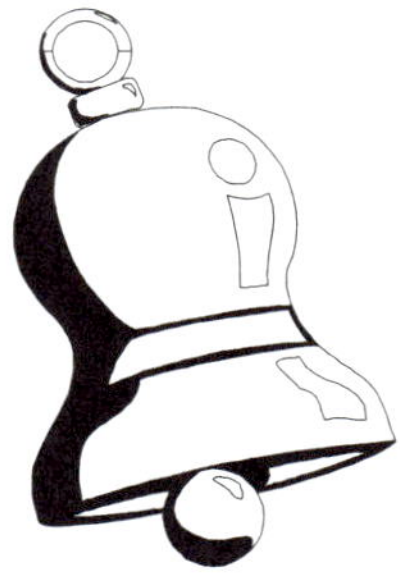

Eine weitere Erfahrung sollte dem Teilnehmer vermittelt werden – Bewegung kann ganz still ausgeübt werden – Bewegung lässt uns auch still werden. Worte werden hierbei nicht benötigt – die Musik hilft uns, Leib und auch unsere Seele zu bewegen.

Musik begleitet unsere stillen Gehübungen - sie macht uns die Stille bewusst – wir schreiten ganz leise durch den Raum – lauschen dabei dem Rhythmus und bewegen uns in Harmonie. Musik dazu bekommen Sie im Fachhandel – Instrumente – Musik zum Entspannen – Hintergrundmusik zum Meditieren und Lauschen.

Häufig ist progressive Rockmusik nur organisierter Lärm.

Rüdiger Kohl

Spieletipps / Anmerkungen

Ehe Sie mit der Stilleübung beginnen, sollten Sie ein paar Punkte beachten:

Kommen Sie möglichst erst selbst zur Ruhe – in unserer hektischen Zeit. Nehmen Sie sich Zeit für die Übungen!

Es ist von Vorteil, wenn Sie den Beginn einer Stilleübung mit einem Klangstab (Energy-Chime) oder einer Klangschale anzeigen. So wird die Aufmerksamkeit auf die Übung gelenkt.

Und noch eine allgemeine, aber nicht unwichtige Anmerkung – schaffen Sie immer eine freundliche Atmosphäre ohne Bewertung und Ausgrenzung!

Einige weitere Anmerkungen:

Sie sind mit dem Vorsatz in den Workshop gekommen, mit Ihren Schülern/Kindern später die Stilleübungen zu praktizieren, die Sie gelernt haben.

Tipp:
- Denken Sie an die Räumlichkeiten, an die Sitzordnung, an Lärm von draußen, an Licht und Heizung (es sollte nie zu kalt im Raum sein).
- Denken Sie an Ihre Mitstreiter. Wie alt sind die Teilnehmer, welche Eigenarten hat meine Gruppe – stellen Sie sich darauf ein. Ist die Klasse/Gruppe sehr unruhig – gar aggressiv?
- Denken Sie auch über sich selbst nach – sind Sie ein ausgeglichener, ruhiger Typus? – Kritisieren Sie sich ruhig einmal selber: Wie klingt Ihre Stimme? Gehen Sie auf Ihre Schüler ein? Können Sie gut zuhören? Sprechen Sie die Teilnehmer mit Ihren Augen an? Wie bewegen Sie sich? Hastig oder betont gelassen und ruhig?

Faszination Zeit und Stille

Stille in einer aggressiven und unruhigen Klassen- oder Gruppenatmosphäre zu erreichen ist sicherlich nicht ganz einfach. Die alte Sanduhr kann uns dabei behilflich sein. Sie stellen die Sanduhr auf den Tisch – und die Teilnehmer unserer Sitzung beobachten, wie der Sand durch das Glas rieselt. Natürlich sollte die Klasse oder Gruppe ganz leise sein. Nach einer oder zwei Minuten angespannter Stille sind die Kinder richtig stolz, dass sie eine Sanduhrlänge (meistens 2 Minuten) durchgehalten haben. Die Sanduhr ist das Signal zur Stille – sie drehen diese um, und die Kinder werden dieses Signal nach einer gewissen Übungs- und Arbeitzeit bereitwillig befolgen und – fasziniert Zeit und Stille beobachten.

Es empfiehlt sich, einige Sanduhren in Reserve zu verwahren – für den individuellen Einsatz. Ein einzelnes Kind kann so seine eigene Stillephase einbauen, sich still in eine Ecke setzen, die Sandkörner beobachten und zuschauen, wie die Zeit „verrieselt".

Wichtig ist das Signal für die Stilleübung. Das kann unser akustisches Signal sein – nämlich der Energy-Chime – das kann die Sanduhr sein, oder auch ein Bild.

Gehübungen mit Signalen

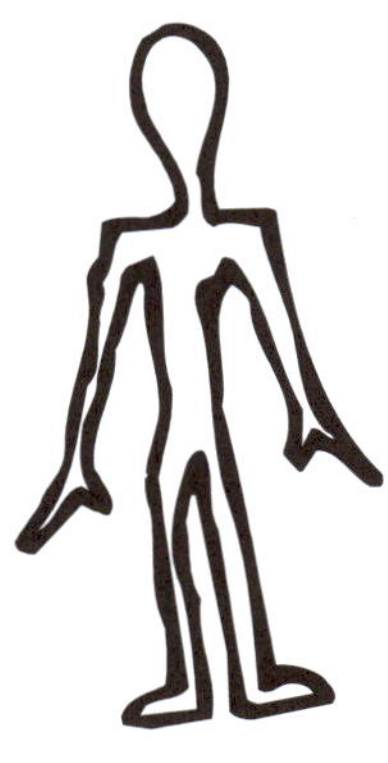

Als Signal für die Stilleübungen nehmen wir wieder den Energy-Chime. Vor der Übung erklären wir den Teilnehmern die Regeln.

Heftiger Klangton bedeutet schnelles Gehen – leiser, normaler Klangton bedeutet übliches Gehen – bei ganz leisem Klangton sollen die Mitglieder schleichen.

Kommentar:
Für die meisten Teilnehmer – ob groß oder klein – ist es enorm wichtig, ihre Eindrücke und ihre Befindlichkeit der Gruppe mitzuteilen. Damit wir das Berichten und Erzählen jedem einzelnen selber überlassen – ohne Zwang, berichten zu müssen – lassen wir jetzt einen Gegenstand (ich nehme immer ein Pädagogisches Ei = Gummiball) im Kreis herumgehen. Wer ihn in der Hand hält, darf reden, oder er gibt ihn dem Nachbarn, der nun seine Empfindungen mitteilen darf. Das hat den Vorteil, dass Unruhe und Zwischen- oder Ausrufe zumeist wegfallen.

Und noch eine Anmerkung:
Stilleübungen ermöglichen dem Teilnehmer kurze Abschnitte der Sammlung und Konzentration – quasi eine innere Besinnung – ein kurzes Anhalten in der Hektik unseres Alltags. Stilleübungen werden zumeist von allen Beteiligten als wohltuend empfunden und unmittelbar erfahren – jeder auf seine Weise, individuell. Das ist gerade das Wertbeständige an diesen kurzen Segmenten einer Stilleübung. Und – Stilleübungen eröffnen Zugänge zur inneren Welt. Man sollte daher auch von der bildenden Funktion der Stille sprechen.

Vergessen Sie nicht, die Workshop-Teilnehmer wieder aufzufordern, sich bequem hinzusetzen, tief durchzuatmen – sich zu entspannen.

Die Ruhe ist eine liebenswürdige Frau und wohnt in der Nähe der Weisheit.

Epilarm

Zum Ausklang

> **Unsere größten Erlebnisse sind nicht die lautesten, sondern unsere stillsten Stunden.**
>
> Jean Paul

Stilleübungen fördern das Zuhören-Lernen und helfen, uns besser zu konzentrieren. Sie wirken ausgleichend und vermindern Aggressionen und Hyperaktivität.

Der Lehrer, Workshopleiter oder Seminarleiter sollte sich selber ruhig und ausgleichend in die Veranstaltungen einbringen. Achten Sie auf Ihre Stimmlage und auch auf Ihre Körperbewegungen. Strahlen Sie Ruhe und Gelassenheit aus. Sprechen Sie möglichst nur das Notwendigste – lassen Sie die Teilnehmer agieren und reagieren!

Setzen Sie Signale für die Stille (Klangstab, Sanduhr, Klangschale). Lassen Sie die Klassenzimmer oder den Veranstaltungsraum zu einem Ort der Ruhe, Konzentration und Stille werden.

Der Sitzkreis hat sich für die Stilleübungen bewährt – und wenn es möglich ist, beziehen Sie ihn in die Übungen ein!

Sehr wichtig ist es, dass sich die Teilnehmer – ob groß oder klein – über ihre Empfindungen, Eindrücke und

Befindlichkeiten äußern können. Es ist eine Hilfe, bei den Nachbesprechungen ein Pädagogisches Ei im Kreise herumzureichen. Wer nun dieses Ei behält, kann sich entscheiden, ob er sprechen will oder nicht. Wer sich nicht äußern möchte (niemals zwingen), gibt das Pädagogische Ei einfach zum neben ihm sitzenden Mitspieler weiter.

Ich hoffe, Sie haben eine Vielzahl von Anregungen in diesem Büchlein finden können. Probieren Sie die Übungen aus, machen Sie täglich ein bis zwei Stilleübungen in Ihrer Gruppe / Klasse. Übung macht bekanntlich den Meister.
Und wenn Sie mal nicht weiterkommen, dann rufen Sie mich einfach an!

Ihr
Rüdiger Kohl

Weiterführende Literatur

Elisabeth Wagner
Quaki, der kleine freche Frosch
Best.-Nr. 20 437, KOHL-Verlag

Syer, J.
Teamgeist
Hamburg, 1991

Oborski, Frank
Spiele und Sketche gegen Gewalt und Aggression
Best.-Nr. 10 020, KOHL-Verlag

Frenzl, Walter
Zuckertüte: Spiel und Spaß bei der Einweihungsfeier
Best.-Nr. 10 032, KOHL-Verlag

Lindemann, H.
Einfach entspannen
München 1984

F. M. Lutz
Faszination Fantasiereisen:
Ich bin der Mond
Ich bin die Sonne
Ich bin der Regenbogen
Best.-Nr. 10 326, KOHL-Verlag

R. Portmann / E. Schneider
Spiele zur Entspannung und Konzentration
Best.-Nr. 20 382 beim KOHL-Verlag

Rüdiger Kohl
Kopfnüsse: Lustiges Konzentrationstraining
Best.-Nr. 10 214, KOHL-Verlag

Teul, H. X.
Entspannt lernen
Linz 1989

F. M. Lutz
Stille mit allen Sinnen
Ein Projektbuch
Best.-Nr. 10 325, KOHL-Verlag

Blickhau, D. C.
Denken, fühlen, leben
München 1992

Esbach, Jürgen
Der Regenstab
18 praktische Vorschläge zum pädagogischen Einsatz des Regenstabs
Best.-Nr. 10 294, KOHL-Verlag

Susanne Schurig
Regenstabgeschichten
für den Einsatz des Regenstabs
Best.-Nr. 10 377 beim KOHL-Verlag

Elisabeth Wagner
Sehen Hören Spüren
Best.-Nr. 21 076, KOHL-Verlag

Norbert Böhm
Feelings: unvergessliche Gedichte im Jahresreigen
Best.-Nr. 10 455, KOHL-Verlag

Rudi Lütgeharm
Bewegungspausen und Bewegungsspaß im Klassenzimmer
Best.-Nr. 10 051, KOHL-Verlag

Fred Christmann
Mentales Training
Göttingen 1998

Claudia Graf
Ich bin ein blauer Elefant
Meditatives Zeichnen und Malen zur Selbstfindung und Entspannung in der Gruppe
Best.-Nr. 10 292, KOHL-Verlag

Eva Kübli
Der Zauberteppich
Rituale, Stilletraining, Energieübungen, Fantasiereisen
Best.-Nr. 10 291, KOHL-Verlag

Weitere Produkte aus dem Bereich Stille & Konzentration

Stille-Spiele für die ganze Klasse

32 kleine Stille-Spiele für zwischendurch und zu jeder Zeit! Dies ist die Idee, aus der heraus dieses aktuelle Stille-Projekt von dem bekannten Stille-Autor Rüdiger Kohl entstand. Stillsein muss man lernen. Viele Kinder (und auch Erwachsene!) können nicht mehr richtig zuhören! Dieses Buch bietet allen **eine Fülle von Spielen und Anregungen**, wie Stille und Konzentration Schritt für Schritt wieder erlernt werden können!

36 Seiten **Nr. 10 658** **12,90 €**

Bewegung als Weg zur Stille

Erst das Zusammenspiel von Stille und Bewegung schafft die ideale Voraussetzung für die Schüler, sich zu entspannen und sich vom Stress des Unwohlseins zu befreien. Das neue Projekt „Bewegung als Weg zur Stille" bietet eine Fülle an **kreativen Bewegungsübungen** und **abwechslungsreichen Bewegungsspielen für drinnen und draußen**. Zuhören wird anhand von spannenden Fantasiereisen trainiert! Die Kombination von Konzentration und Bewegung ist das Erfolgskonzept für einen gelungenen Unterricht!

36 Seiten **Nr. 10 697** **10,90 €**

Lernwerkstatt „Faszination Stille"

Eine 50 Kopiervorlagen umfassende Werkstatt mit vielen neuen und fortführenden Übungen. Stille-, Entspannungs- und Konzentrationsübungen für den Schulalltag! **Eine wahre Fundgrube für den Stille-Unterricht mit praktischen Tipps, Anmerkungen und Techniken.**

54 Seiten **Nr. 10 092** **18,80 €**